Bert Bielefeld, Isabella Skiba

Technisches Zeichnen

Bert Bielefeld, Isabella Skiba

Technisches Zeichnen

BIRKHÄUSER
BASEL

Inhalt

Vorwort

Gebäude werden nicht ungeplant errichtet, sie werden zuerst mit Hilfe von Planungs- und Bauzeichnungen dargestellt. Die ersten Schritte bestehen in der Regel aus freien Darstellungen wie Skizzen oder Perspektiven, um sich der Form und Gestalt des Entwurfs zu nähern. Dieses Buch setzt dort an, wo diese Ideenfindung soweit fortgeschritten ist, dass der Entwurf in maßstabsgerechte und geometrisch exakte Pläne mündet: in technische Zeichnungen. Sie geben ein konkretes Abbild dessen, was entwurflich oder konstruktiv entstehen soll, und sind somit in ihrem Detaillierungsprozess wesentliches Mittel auf dem Weg zum fertigen Gebäude.

Die Buchreihe „Basics" hat den Anspruch, Informationen didaktisch und praxisnah zu erläutern. Sie möchte Studenten an der Stelle abholen, an der sie zum ersten Mal mit einem Fachgebiet oder Themenbereich in Kontakt treten. Die Inhalte werden mit leicht verständlichen Einführungen und Erklärungen schrittweise erarbeitet. Die wesentlichen Ansatzpunkte werden systematisch aufgebaut und in den jeweiligen Bänden vertieft. Das Konzept versteht sich nicht als umfassende Sammlung von Fachwissen, sondern möchte an das Thema heranführen, erklären und das notwendige Know-how für eine fachgerechte Umsetzung bieten.

Der Band *Basics Technisches Zeichnen* richtet sich an Studienanfänger in den Bereichen Architektur und Bauingenieurwesen sowie an Auszubildende im Bereich Bauzeichnen und Technisches Zeichnen. Oft werden gerade im Studium Grundkenntnisse bei der Erstellung von Bauzeichnungen vorausgesetzt, die sich die Studenten jedoch mühsam erarbeiten müssen. Die Schwierigkeit liegt in der Vielzahl von ISO-Normen, die die Bauzeichnungen reglementieren. *Technisches Zeichnen* erläutert das notwendige Wissen und die Herangehensweise, wie Bauzeichnungen aufzubauen und zu erstellen sind. Wir setzen dabei bewusst nicht auf die alleinige Darstellung von Fakten, sondern zeigen den Entstehungsprozess und das Ineinandergreifen der verschiedenen Bauzeichnungsarten.

Unabhängig von allgemein gültigen Regelungen gibt es nicht die „eine" richtige Art, eine Entwurfs- oder Ausführungszeichnung anzufertigen und zu gestalten. Bauzeichnungen sind immer auch Ausdruck desjenigen, der sie erstellt hat; sie tragen eine persönliche Note. Das Buch vermittelt jedoch die Grundlagen, die für die verschiedenen Planarten und Zeichnungen im Planungsprozess notwendig sind – mit dem Ziel, dass Studenten schnell und sicher ihre Entwürfe und Ideen mittels Bauzeichnungen darstellen können.

Bert Bielefeld, Herausgeber

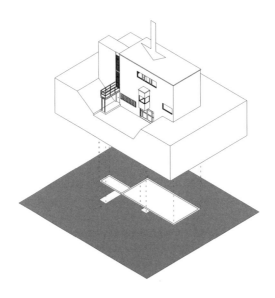

Abb. 1: Prinzip Draufsicht

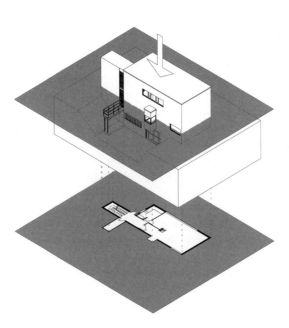

Abb. 2: Prinzip Grundriss

Ein Gebäude wird zeichnerisch neben Skizzen und freien Perspektiven durch verschiedene Konstruktionszeichnungen dargestellt. Grundsätzlich unterscheidet man in Drauf- und Ansicht, wenn die äußere Erscheinung eines Gebäudes dargestellt wird, sowie in Grundriss und Schnitt, sobald man das Innere eines Gebäudes darstellt.

DRAUFSICHT (ODER DACHAUFSICHT)

Draufsichtzeichnungen stellen eine von oben gesehene Ansicht oder Projektion des Baukörpers auf der Zeichenfläche dar. Eine Draufsicht (auch oft Dachaufsicht genannt) ist z. B. für den Lageplan notwendig, der die Position des Gebäudes auf dem Baugrundstück definiert.

GRUNDRISS

In gleicher Weise wird im Grundriss ein Geschoss des Gebäudes dargestellt. Dabei wird das Gebäude in einer Höhe von ca. 1,00 bis 1,50 m oberhalb des Fußbodens geschnitten, um möglichst alle Mauerwerksöffnungen (Fenster, Türen) zu erfassen. Dadurch werden zur Zeichnungsvervollständigung neben allen relevanten horizontalen Maßen auch die Höhen aller relevanten Bauteile angegeben (Brüstungshöhen, Öffnungshöhen, Geländehöhen, Fußbodenhöhen). Der horizontale Schnitt kann dabei in der Höhe versetzt werden, um möglichst viele Besonderheiten des Entwurfes abzubilden und z. B. höher liegende Fenster darzustellen. (Die versetzte Lage des Fensters wird dann durch die Angabe der Brüstungshöhe verdeutlicht.) Grundsätzlich gibt es bei den Grundrissen zwei Möglichkeiten der Blickrichtung:

— die bei der Darstellung der Architektenpläne genutzte Blickrichtung nach unten (Draufsicht), die das Erfassen von Raumstrukturen, Form und Größe ermöglicht.
— die gespiegelten Grundrisse, die von unten gesehen werden und Bauteile und Elemente darstellen, die über der horizontalen Schnittebene liegen. Diese Darstellung wird von Tragwerksplanern bevorzugt. Dabei werden die tragenden Bauteile in der darüber liegenden Decke dargestellt. > Kap. Planungsstufen, Fachplanungen

In der Regel werden Grundrisse nach ihren Geschosszugehörigkeiten definiert, z. B. Grundriss Kellergeschoss, Grundriss Erdgeschoss, Grundriss 1. Obergeschoss, Grundriss Dachgeschoss etc. Sind in einem Entwurf keine klaren Geschosszuordnungen möglich, z. B. bei verspringenden Geschossebenen, bietet es sich an, die Grundrisse nach bestimmten Ebenen zu benennen: z. B. Grundriss Ebene –3: Tiefgarage.

Bezeichnung der Grundrisse

○

○ **Hinweis:** In der Regel werden Pläne mit Draufsichten und Grundrissen „genordet", das heißt, Norden liegt an der Oberkante des Plans und wird durch einen Nordpfeil gekennzeichnet.

ANSICHT

Die Ansichten zeigen alle Außenseiten des Baukörpers mit allen vorhandenen Öffnungen. Die Ansichten der Kubatur eines Gebäudes vermitteln Informationen über den Zusammenhang zur Umgebung, die Form und Proportion sowie gegebenenfalls über die Konstruktionsart und Materialität. Dadurch wird das Gesamtbild des Entwurfs zusammen mit Grundrissen und Schnitten vervollständigt.

Ansichten sind von der Seite gesehene Parallelprojektionen auf eine Gebäudefront. Die Projektionslinien verlaufen dabei rechtwinklig zur Projektionsebene, daher sind abgeknickte Bauteile nicht in wahrer Größe dargestellt.

In einer Ansicht wird in der Regel die direkte Umgebung mit Geländeverlauf und Anbindung an eine gegebenenfalls bestehende Bebauung dargestellt.

Bezeichnung der Ansichten

Die Ansichten werden grundsätzlich nach ihrer Lage in Abhängigkeit von der Himmelsrichtung beschriftet. Der Nordpfeil im Lageplan und in den Grundrissen definiert die Ausrichtung des Gebäudes. Dadurch ergeben sich für alle vier Ansichten folgende Bezeichnungen: Ansicht Nord, Süd, Ost und West (bzw. Nordost, Südwest etc.). Sind nur zwei Ansichten sichtbar (wie bei Reihenhäusern), können die Ansichten auch in Abhängigkeit von der Lage des Gebäudes auf dem Grundstück oder des Ortes definiert werden. Damit werden aber nur zwei Seiten eindeutig festgelegt, die Garten- oder Hofseite und die Straßenseite. Die Beschriftung der Ansichten muss für jedermann auf Grundlage der Planunterlagen ersichtlich sein – auch ohne Kenntnis der Umgebung.

SCHNITT

Ein Schnitt entsteht, indem man eine vertikale Schnittebene durch ein Gebäude legt und diese in Parallelprojektion als Ansicht betrachtet. Schnitte haben die Aufgabe, Informationen zu Höhenangaben der Geschosse sowie zur Materialität und den verwendeten Baustoffen des geplanten Baukörpers zu liefern.

Der Schnittverlauf muss in den Grundriss bzw. alle Grundrisse eingetragen werden. Er wird mit einer breiten Strich-Punkt-Linie und der

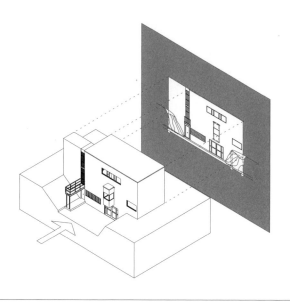

Abb. 3: Prinzip Ansicht

Blickrichtung gekennzeichnet. Mit Hilfe von Pfeilen und zwei gleichen Großbuchstaben werden die Richtung und die Bezeichnung des Schnittes festgelegt. Die Schnittführung wird so gewählt, dass alle baurelevanten Informationen erfasst werden, wodurch es teilweise zu einem Verspringen der Schnittführung kommen kann. Dieses Verspringen erfolgt nur im rechten Winkel und muss im Grundriss gekennzeichnet werden.

Zu den wichtigen Elementen, die in einem Schnitt dargestellt werden, gehören die Konstruktionen des Dachs, der Geschossdecken, der Gründung und der Wände mit ihren Öffnungen. Außerdem soll der Schnitt die Erschließung des Gebäudes durch Treppe, Aufzug, Rampe etc. verdeutlichen. Elemente eines Schnittes

Schnitte, die parallel durch eine Hauptachse des Baukörpers gelegt werden, nennt man Längs- und Querschnitte. Der Längsschnitt schneidet den Baukörper entlang der längeren Seite und der Querschnitt entsprechend entlang der kürzeren. Werden mehr als zwei Schnitte angelegt, erfolgt die Schnittbezeichnung in der Regel mittels Großbuchstaben oder Zahlen. Da die Schnittlinien in den Grundrissen zu beiden Seiten durch denselben Buchstaben gekennzeichnet sind, lauten die Schnittbezeichnungen dementsprechend Schnitt A–A, Schnitt B–B oder Schnitt 1–1, Schnitt 2–2 usw. Bezeichnung der Schnitte

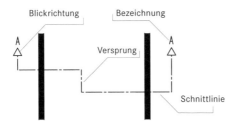

Abb. 4: Schnittlinie

DREIDIMENSIONALE DARSTELLUNGEN

Axonometrien Axonometrien sind Grundrisse bzw. Ansichten, die mit einer dritten Ebene – der Höhe – versehen werden. Sie werden in der Regel zur dreidimensionalen Darstellung während der Entwurfsfindung eingesetzt und geben einen räumlichen Eindruck vom späteren Gebäude. Bei Bauzeichnungen werden sie nur in Ausnahmefällen benutzt, um beispielsweise die Ausgestaltung einer Ecksituation darzustellen.

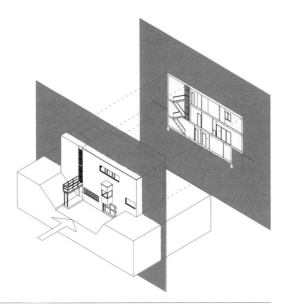

Abb. 5: Prinzip Schnitt

Aus einer zweidimensionalen Zeichnung lassen sich auf einfache Weise dreidimensionale Darstellungen entwickeln. Dabei entscheidet man verschiedene Perspektiven (auch wenn der Begriff „Perspektive" hier missverständlich ist):

- die „Militärperspektive", bei der ein Grundriss an einer Ecke um 45° gedreht und senkrecht durch die Höhen ergänzt wird,
- die „Architektenperspektive", bei der ebenfalls der Grundriss an einer Ecke gedreht wird – jedoch um 30° bzw. 60°,
- die „Kavalierperspektive", bei der einer Ansicht oder einem Schnitt durch Linien im 45°-Winkel eine dritte Dimension verliehen wird.

Verlässt man die rechtwinklige Grundlage, lassen sich bessere dreidimensionale Eindrücke herstellen. Hierzu werden Isometrien und Dimetrien verwendet.
Isometrie und Dimetrie

Die Isometrie stellt die beiden Grundrissachsen jeweils mit 30° zur horizontalen Grundlinie dar, an denen die Höhenachse senkrecht eingetragen wird. Dadurch wird das darzustellende Objekt nicht so verzerrt, wie bei den drei oben genannten Darstellungen; die Zeichnung ist jedoch aufwendiger zu konstruieren.

Bei einer Dimetrie werden die beiden Grundrissachsen in den Winkeln 7° und 42° angetragen, wobei letztere in den Linienlängen mit den Faktoren 0,5 bzw. 0,7 verkürzt werden sollte.

Perspektiven unterscheiden sich von Axonometrien, Isometrien und Dimetrien in der Art, dass die in einer Achse liegenden Linien nicht parallel, sondern perspektivisch dargestellt werden. Da jedoch Perspektiven in der Regel nicht als Bauzeichnungen fungieren, sondern lediglich der Präsentation dienen, fallen sie in den Bereich der darstellenden Geometrie und werden hier nicht weiter behandelt.
Perspektiven

Militärperspektive   Architektenperspektive   Kavalierperspektive   Isometrie   Dimetrie

Abb. 6: Axonometrien, Isometrie und Dimetrie

Grundlagen der Darstellung

HILFSMITTEL

Zum Erstellen von Bauzeichnungen lassen sich grundsätzlich zwei verschiedene Methoden unterscheiden:
— die Handzeichnung
— die CAD-Zeichnung

Zeichentische

Als Grundlage für Handzeichnungen bieten sich entweder spezielle Zeichentische an, die bereits mit einem verschiebbaren, im rechten Winkel angeordneten Linealpaar mit Winkelverstellung bestückt sind, oder man verwendet so genannte Zeichenschienen, die auf eine vorhandene Schreibtischplatte aufgeschraubt und entlang gespannter Drähte vertikal verschoben werden können. Beide Varianten ermöglichen das einfache parallele bzw. rechtwinklige Zeichnen von Linien.

Stifte für Handzeichnungen

Handzeichnungen werden in der Regel mit Hilfe von Blei- oder Tuschstiften erstellt. Bleistifte sind in verschiedenen Härtegraden erhältlich,
■ die über die Stärke und Präsenz einer Linie entscheiden: Je härter der Bleistift, desto feiner ist die Linie, weil weniger Abrieb auf das Papier gelangt. Daher benötigt man für Bleistiftzeichnungen mehrere Härtegrade, um verschiedene Linienstärken darstellen zu können.

Tuschstifte gibt es in unterschiedlichen Ausführungen (z. B. mit oder
■ ohne Patronen) und Stärken. Die unter Kapitel Linien genannten Stiftstärken sind einzeln erhältlich.

Lineale und Dreiecke

Zur Vereinfachung der Zeichenarbeit gibt es zahlreiche verschiedene Lineale, Winkelmesser, Dreiecke, Dreikante und Schablonen. Lineale, Dreiecke und Stellwinkel verwendet man zum Zeichnen der geometrischen Abmessungen. Praktisch ist es, wenn die Lineale bereits eine

---

■ **Tipp:** Für Bauzeichnungen nutzt man in der Regel Bleistifte von B (weich) über F (mittel) hin zu H bis 3H (verschiedene Härtegrade), wobei man grundsätzlich zunächst mit härteren Stiften vorzeichnen sollte, um ein Verschmieren der weicheren dicken Linien zu vermeiden.

■ **Tipp:** Es gibt Tuschstifte mit und ohne Patronen in verschiedenen Farben. Letztere sind als Einwegstifte billiger, jedoch bei häufigem Zeichnen teurer. Tuschstifte mit dünnen Linienstärken trocknen leicht ein. Gegebenenfalls lassen sich die Pigmente in den Spitzen der Stifte in einem Wasserbad lösen. Falls man bereits gezeichnete Linien wieder entfernen möchte, kann man spezielle Tuscheradiergummis einsetzen. Schneller geht es jedoch durch vorsichtiges Kratzen mit einer Rasierklinge.

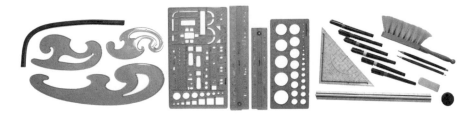

Abb. 7: Typische Hilfsmittel

Maßeinteilung im Zeichnungsmaßstab aufweisen. Zum Abmessen von Längen aus Plänen benutzt man in der Regel den so genannten Dreikant, ein dreieckiges Lineal, das sechs verschiedene Maßstäbe anhand je einer Längenskala umfasst.

Schablonen sind für fast alle typischen Zeichnungssymbole verfügbar (z. B. für Möbel, elektrische Anschlüsse oder Badeinrichtungen). Schablonen gibt es aber auch für die Normschriften. Alle Schablonen sind stiftstärken- und maßstabsabhängig. Schablonen

CAD-Zeichnungen werden am Computer erstellt. Dazu benötigt man ein CAD-Programm (Computer Aided Design), das speziell für Bauzeichnungen geeignet ist. Auf dem Markt sind verschiedene Programme vorhanden, die sich in der Bedienung, im Leistungsumfang sowie im Preis deutlich unterscheiden. Fast alle Hersteller bieten jedoch Studenten- und Schülerversionen an. CAD-Programme
●
■

● **Wichtig:** An einigen Hochschulen können Studenten von Beginn des Studiums an mit CAD zeichnen, andere erlauben dies erst nach einigen Grundsemestern. Im späteren Beruf wird in den meisten Planungsbüros vor allem mit CAD gezeichnet. Grundsätzlich ist es jedoch in vielen Situationen wichtig, das händische Zeichnen zu beherrschen, da ein auf einem Blatt Papier skizziertes Detail in einer Besprechung viel schneller zu einer Lösung führt als das nachträgliche Zeichnen am Computer.

■ **Tipp:** Es ist sinnvoll, sich vor der Einarbeitung in ein Programm mit den verschiedenen Angeboten der Hersteller zu beschäftigen. Ein wichtiger Entscheidungsgrund ist ebenso, ob auch die Mitschüler oder Kommilitonen mit dem gleichen Programm arbeiten, damit man Erfahrungen und Fragen austauschen kann.

Weitere Informationen zum Zeichnen mit CAD findet man in: Jan Krebs, *Basics CAD,* Birkhäuser Verlag, Basel 2007.

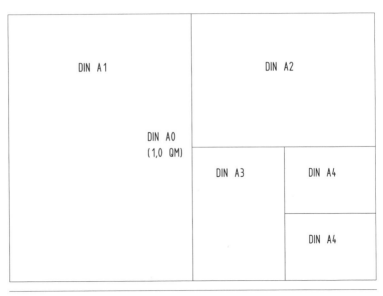

Abb. 8: Zusammenhang der Papierformate in der DIN-A-Reihe

PAPIERFORMATE UND PAPIERARTEN

Papierformate

Die DIN 476-1 bzw. ISO 216 definieren verschiedene Papierformate, die sich aus dem Seitenverhältnis von $1:\sqrt{2}$ ergeben. Vorteil dieses Seitenverhältnisses ist, dass sich ein größeres Blatt immer verschnittfrei in kleinere Formate teilen lässt.

In der DIN- bzw. ISO-Norm existieren verschiedene Reihen; für Pläne nutzt man in der Regel die DIN-A- bzw. ISO-A-Reihe.

Da beim Zuschneiden und Falten Verluste auftreten, werden Blattformate in unbeschnittene und beschnittene Blätter unterschieden. Auf dem Papiermarkt existieren zusätzlich Formatangaben wie DIN A3 Plus, die jedoch Kreationen der Druckerhersteller und nicht weiter normiert sind.

Tab. 1: ISO/DIN-Reihen A–E (mm × mm)

	A–	B–	C–	D–	E–
2–0	1189 × 1682	1414 × 2000			
0	841 × 189	1000 × 1414	917 × 1297	771 × 1091	800 × 1120
–1	594 × 841	707 × 1000	648 × 917	545 × 771	560 × 800
–2	420 × 594	500 × 707	458 × 648	385 × 545	400 × 560
–3	297 × 420	353 × 500	324 × 458	272 × 385	280 × 400
–4	210 × 297	250 × 353	229 × 324	192 × 272	200 × 280

Tab. 2: Unbeschnittene und beschnittene DIN-A-Papiere (mm × mm)

DIN	unbeschnitten	beschnitten	Randabstand
2-AO	1230 × 1720	1189 × 1682	10
A0	880 × 1230	880 × 1230	10
A1	625 × 880	594 × 841	10
A2	450 × 625	420 × 594	10
A3	330 × 450	297 × 420	5
A4	240 × 330	210 × 297	5

Die beschriebenen Papierformate werden in den meisten Staaten anerkannt und angewendet; speziell im nordamerikanischen Raum werden jedoch einige inch- bzw. zollbasierte Formate benutzt, die auf den ANSI-Standards beruhen.

Tab. 3: Papierformate nach ANSI (in × in | mm × mm)

Reihe	Ingenieure	Architekten	Ingenieure	Architekten
A	8½ × 11	9 × 12	216 × 279	229 × 305
B	11 × 17	12 × 18	279 × 432	305 × 457
C	17 × 22	18 × 24	432 × 559	457 × 610
D	22 × 34	24 × 36	559 × 864	610 × 914
E	34 × 44	36 × 48	864 × 1118	914 × 1219
F	44 × 68		1118 × 1727	

Neben den Papierformaten unterscheidet man verschiedene Papier-arten. Bei Handzeichnungen verwendet man in der Regel Transparent-papier, das den Vorteil besitzt, dass man andere Zeichnungen zum Durch-zeichnen darunterlegen kann. Das Konstruieren (z. B. von Obergeschossen oder Schnitten) wird so stark vereinfacht. Zudem ermöglicht das Trans-parentpapier, von der gezeichneten Grundlage einfach Vervielfältigungen durch Lichtpausen erstellen zu können.

Im Bereich der Bestandsaufnahme werden oft Zeichenfolien benutzt, da sich diese auch bei hohen Temperaturen nicht verziehen und somit Maße auch nach langer Zeit noch zuverlässig entnommen werden können.

Papierarten

Bei technischen Zeichnungen, die mit Hilfe von CAD-Anwendungen erstellt werden, nutzt man in der Regel zum Ausplotten normales weißes Papier auf Rollen oder in Einzelblattformaten. Für Präsentationszeichnungen werden oft gestrichene Papiere oder Foto- bzw. Hochglanzpapiere genutzt, da diese eine hochwertigere Oberfläche besitzen.

MASSSTAB

Jede im Kapitel Projektionsarten genannte Plandarstellung ist eine Verkleinerung, die in einem bestimmten Verhältnis zur gebauten Wirklichkeit steht, das heißt, sie ist in einem bestimmten Maßstab gezeichnet. Der verwendete Maßstab muss auf jeder Zeichnung vermerkt sein und wird durch den Buchstaben M und zwei durch Doppelpunkt getrennte Zahlen definiert (z. B. M 1:10).

Definition Maßstab Ein Maßstab beschreibt das Verhältnis zwischen den Abmessungen eines Elements in einer Zeichnung und seiner Abmessungen in der Originalgröße. Grundsätzlich unterscheidet man drei Maßstabsarten:

— den Originalmaßstab (M 1:1) als natürlichen Maßstab,
— den Vergrößerungsmaßstab (M x:1), bei dem ein Element um ein Vielfaches größer gezeichnet wird als es seiner natürlichen Größe entspricht und
— den Verkleinerungsmaßstab (M 1:x), bei dem ein Element um ein Vielfaches kleiner wiedergegeben wird als seine natürliche Größe.

So ist beispielsweise eine gezeichnete Wand im Maßstab 1:100 hundertmal kleiner als im Original.

Typische Maßstäbe Bei Bauzeichnungen werden fast ausschließlich Verkleinerungsmaßstäbe verwendet, da das darzustellende Objekt in seiner Größe meist die Papiergröße übersteigt. Bei zunehmender Genauigkeit und Detaildarstellung im Entwurfsprozess werden die Verkleinerungen geringer, und somit wird das dargestellte Objekt größer dargestellt.

Lagepläne und grobe Übersichten werden oft in Maßstäben M 1:500 (oder auch M 1:1000), Entwurfszeichnungen in den Maßstäben M 1:200 oder M 1:100 dargestellt. In der Ausführungsplanung werden die Maßstäbe 1:50, 1:25, 1:20, 1:10, 1:5, 1:2 und 1:1 verwendet. > Kap. Planungsstufen

Umrechnung von Maßstäben Soll eine Wand von 5,50 m Länge im Maßstab 1:50 dargestellt werden, so muss die Länge durch den Verkleinerungsfaktor dividiert werden:
■ also 5,50 m/50 = 0,11 m. Die gezeichnete Länge beträgt demnach 11 cm. Schwieriger wird es, wenn ein Objekt, das bereits in einem Verkleinerungsmaßstab dargestellt ist, in einen anderen Maßstab umgewandelt werden muss. Soll eine Tür, die im M 1:20 eine gezeichnete Länge von 5 cm hat, im M 1:50 gezeigt werden, so müssen beide Maßstäbe gegeneinander verrechnet werden. Die Länge beträgt also 5 cm * 20/50 = 5 cm / Faktor 2,5 = 2 cm.

■ **Tipp:** Um Originalmaße in die typischen Maßstäbe von Bauzeichnungen umzuwandeln, nutzt man am besten einen Maßstab-Dreikant (siehe Abb. 7) oder man berechnet die Länge im Maßstab wie folgt:

- M 1:10, M 1:100, M 1:1000 – Verschieben des Kommas um die Anzahl der Nullen bzw. Ändern der Maßeinheit von m auf cm bei M 1:100 bzw. auf mm bei M 1:1000

- M 1:20, M 1:200 – Verschieben des Kommas wie zuvor und zusätzliches Halbieren der Zahl (1 m im Original ist im M 1:200 0,5 cm)

- M 1:5, M 1:50, M 1:500 – Verschieben des Kommas um die Anzahl der Nullen + eine weitere Position und zusätzliches Multiplizieren der Zahl mit 2 (1 m im Original ist im M 1:50 2 cm)

CAD-Programme vereinfachen das Problem der Umrechnung von Maßstäben. Hier wird das Gebäude in der Regel in M 1:1 eingegeben, das heißt, eine Wand von 5,50 m Länge wird auch mit dieser Länge gezeichnet. Zusätzlich wird der Zeichnung ein Ausgabe- oder Bezugsmaßstab zugeordnet, der definiert, in welchem Maßstab die Zeichnung hinterher gedruckt und ausgegeben werden soll. Stift- und Beschriftungsstärken stellen sich auch bei Ansicht am Monitor auf diesen Bezugsmaßstab ein, so dass man prinzipiell das spätere Endergebnis sieht.

Maßstäbe bei CAD-Programmen

LINIEN

Eine technische Zeichnung besteht aus Linien, die je nach Art und Breite eine andere Bedeutung erhalten. Man unterscheidet dabei Linienarten und Linienstärken, wobei deren Bedeutung von Maßstab zu Maßstab variieren kann.

Grundsätzlich existieren vier Linienarten: die Volllinie, die Strichlinie, die Strichpunktlinie und die Punktlinie, aus denen weitere Zwischenformen entwickelt werden können.

Linienarten

Folgende Linienstärken sind gebräuchlich, wobei in der Regel nur die Stärken bis 0,7 mm benutzt werden: 0,13 mm, 0,18 mm, 0,25 mm, 0,35 mm, 0,5 mm, 0,7 mm, 1 mm, 1,4 mm, 2 mm.

Linienstärken

Die Volllinie verwendet man für alle sichtbaren Objekte und sichtbaren Kanten von Bauteilen; außerdem werden Begrenzungen von Schnittflächen durch Volllinien gekennzeichnet. Bei geschnittenen Bauteilen in Zeichnungen im Maßstab 1:200 und 1:100 werden Volllinien in der Regel in den Stärken 0,25–0,5 mm benutzt, in Maßstäben ab M 1:50 wird eine Stärke 0,7–1,0 mm empfohlen. Volllinien für Hilfskonstruktionen, Maßlinien oder untergeordnete Auf- bzw. Ansichten werden mit feineren Linienstärken gezeichnet, bei M 1:200 und 1:100 mit 0,18–0,25 mm und ab M 1:50 mit 0,25-0,5 mm.

Verwendung von Volllinien

○

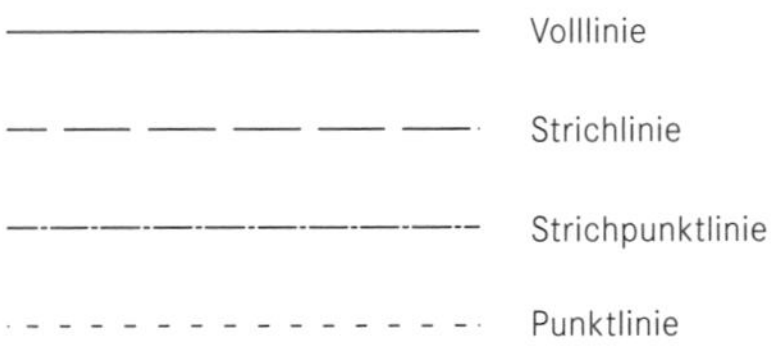

Volllinie ———————— Strichstärke 0,70

Strichstärke 0,50

———————— Volllinie ———————— Strichstärke 0,35

— — — — — — — Strichlinie ———————— Strichstärke 0,25

—·—·—·—·—·—·— Strichpunktlinie ———————— Strichstärke 0,18

· · · · · · · · · · · · · · Punktlinie ———————— Strichstärke 0,13

Abb. 9: Linienarten    **Abb. 10: Linienstärken**

———————— Volllinie 0,50 – Begrenzung von Schnittflächen

———————— Volllinie 0,35 – Sichtbare Kanten und Umrisse

———————— Volllinie 0,25 – Maßlinien, Hilfslinien, Hinweislinien

— · — — — — — · Strichlinie 0,35 – Verdeckte Kanten und Umrisse

——·——·——·—— Strichpunktlinie 0,50 – Darstellung des Schnittlinienverlaufs

—·—·—·—·—·—·— Strichpunktlinie 0,25 – Darstellung der Achsen

·— — — — — — — —· Punktlinie 0,35 – Bauteile bzw. über der Schnittebene

Abb. 11: Linienarten und -stärken M 1:100

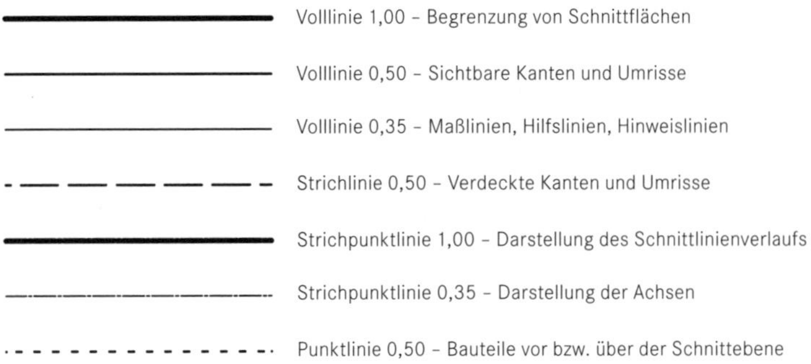

———————— Volllinie 1,00 – Begrenzung von Schnittflächen

———————— Volllinie 0,50 – Sichtbare Kanten und Umrisse

———————— Volllinie 0,35 – Maßlinien, Hilfslinien, Hinweislinien

— · — — — — — · Strichlinie 0,50 – Verdeckte Kanten und Umrisse

———————— Strichpunktlinie 1,00 – Darstellung des Schnittlinienverlaufs

—·—·—·—·—·—·— Strichpunktlinie 0,35 – Darstellung der Achsen

·— — — — — — — —· Punktlinie 0,50 – Bauteile vor bzw. über der Schnittebene

Abb. 12: Linienarten und -stärken M 1:50

Strichlinien werden für verdeckte Kanten von Bauteilen (z. B. der Verwendung von Strich- und Punktlinien Untertritt bei Treppendetails) bei Maßstäben 1:200 und 1:100 in den Linienstärken 0,25-0,35 mm und bei Maßstäben ab 1:50 in den Linienstärken 0,5-0,7 mm verwendet.

Mit Hilfe von Strichpunktlinien werden Achsen und Schnittführungen definiert. Da Schnittführungen grafisch direkt erkennbar sein sollen, werden diese mit einer Linienstärke 0,5 mm bei M 1:200 und 1:100 sowie mit 1,0 mm ab M 1:50 gezeichnet. Achsen hingegen werden in der Regel mit den Stiftstärken 0,18-0,25 mm bei M 1:100 und 1:200 sowie mit 0,35-0,5 mm ab M 1:50 versehen.

Punktlinien zeigen Kanten von Bauteilen, die durch die Lage hinter der Schnittebene nicht mehr dargestellt werden können. > Kap. Projektionsarten Man verwendet dabei eine Linienstärke 0,25-0,35 mm bei M 1:100 und 1:200 sowie 0,5-0,7 mm ab M 1:50.

SCHRAFFUREN

Die Verwendung von Schraffuren soll die Darstellung und die Lesbarkeit der einzelnen Elemente in den Zeichnungen vereinfachen. Die Schraffuren werden in Schnittplänen (Grundrissen, Schnitten) dargestellt und geben Auskunft über die Darstellungsart und die Eigenschaften der in der Planung verwendeten Baustoffe und Bauteile. Bei geschnittenen Bauteilen werden die umgrenzenden Linien in der Regel durch Schraffuren ausgefüllt. Die meisten Festlegungen zu der Darstellungsart der Schraffuren wurden in den länderspezifischen Normen zusammengefasst. > Anhang Man kann grundsätzlich zwischen werkstoffunabhängigen Schnittflächen wie Schrägschraffuren bzw. Füllflächen und werkstoffabhängigen Darstellungen unterscheiden. > Abb. 13 Anhand einer werkstoffabhängigen

○ **Hinweis:** Die vorgestellten Stiftstärken sind durch die heutige Nutzung von CAD nur noch als Richtmaß zu sehen. Die heutigen CAD-Programme bieten dem Anwender eine Stiftzuordnung, die individuell angepasst werden kann. So werden teilweise kleinere Linienstärken benutzt, als dies noch bei Handzeichnungen der Fall war. Man sollte jedoch zu Beginn einer Zeichnung Probeausdrucke machen, um die Wirkung der Linienstärken im Ausgabemaßstab einschätzen zu können, da die Bildschirmwiedergabe durch Zoom-Funktionen und maßstabsunabhängige Darstellung oft nicht die gedruckte Realität widerspiegelt.

■ **Tipp:** Schraffuren können bei CAD-Programmen in ihrer Skalierung so dargestellt werden, dass sie in jedem Ausgabemaßstab sinnvoll wirken. Man spricht dabei von maßstabsabhängigen und -unabhängigen Schraffuren. Zudem lässt sich die Ausrichtung der Schraffuren in fast allen CAD-Programmen individuell über Winkel festlegen, so dass bei 45°-Wänden eine Schrägschraffur aus optischen Gründen entsprechend gedreht werden kann.

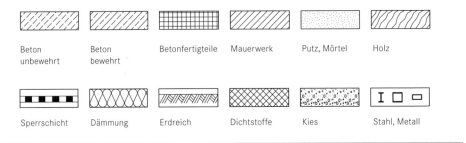

| Beton unbewehrt | Beton bewehrt | Betonfertigteile | Mauerwerk | Putz, Mörtel | Holz |

| Sperrschicht | Dämmung | Erdreich | Dichtstoffe | Kies | Stahl, Metall |

Abb. 13: Typische werkstoffabhängige Schraffuren

gleiches Material

unterschiedliches Material

Abb. 14: Darstellung geschnittener Bauteile

Darstellung lässt sich erkennen, um welches Material es sich bei dem geschnittenen Bauteil handelt. In der Vorentwurfsphase werden geschnittene Wände im Grundriss oft nur durch gefüllte Flächen oder werkstoffunabhängige Schrägschraffuren dargestellt, um massive Bauteile zu betonen. Werkstoffabhängige Schraffuren werden meistens erst in der Ausführungsphase gewählt (z. B. Mauerwerk oder Stahlbeton), da zu diesem Zeitpunkt die Wahl der geeigneten Materialien bereits getroffen wurde.

Grundlagen der Schraffurdarstellung
Eine Schraffur kann durch Linien, Punkte, Raster oder geometrische Figuren dargestellt werden. Werden Schnittflächen mehrerer Bauteile aneinandergesetzt, so ändert sich auch die Richtung der Schraffur. Schraffuren werden überwiegend in 45° bzw. 135° gezeichnet.

Die Grundschraffur für die werkstoffunabhängige Schnittflächendarstellung eines Bauteils wird mit einer dünnen Volllinie in 45° Neigung gezeichnet. Die Darstellung von schmalen Schnittflächen, wie beispielsweise Profilquerschnitte im Stahlbau, sollten für die bessere Lesbarkeit geschwärzt werden.

BESCHRIFTUNG

Für die Erstellung einer vollständigen Zeichnung benötigt man neben Linien, Flächen und Schraffuren eine angemessene Beschriftung. Der Detaillierungsgrad der Beschriftung wird in Abhängigkeit vom Maßstab gewählt und hat die Aufgabe, die technische Zeichnung zu unterstützen (z. B. für Maßangaben, Raumnummern, Materialangaben etc.).

Die Schrift muss für alle eindeutig lesbar sein, so dass in der Regel eine Normschrift verwendet wird. Normschrift (auch ISO-Schrift genannt) ist die Bezeichnung für eine international angewandte Schriftart mit Verwendung von Groß- und Kleinschreibung. Man unterteilt die Normschrift in vier unterschiedliche Formen auf Grundlage der Schriftbreiten und Schriftneigungen. So unterscheidet man zwei Schriftbreiten:

Schriftform **A** – schmal mit einer Linienbreite von Höhe / 14
Schriftform **B** – mittelbreit mit einer Linienbreite von Höhe / 10

und zwei Schriftneigungen:

Schriftneigung **v** – vertikal, die Buchstaben stehen senkrecht zur Leserichtung
Schriftneigung **k** – kursiv, die Buchstaben stehen in 75° zur Leserichtung

A B C D E F G H I J K L M N O P R S T U V W X Y Z
a b c d e f g h i j k l m n o p r s t u v w x y z
1 2 3 4 5 6 7 8 9 10 [(! ? : ; - =)]
Vertikale Schriftform

A B C D E F G H I J K L M N O P R S T U V W X Y Z
a b c d e f g h i j k l m n o p r s t u v w x y z
1 2 3 4 5 6 7 8 9 10 [(! ? : ; - =)]
Kursive Schriftform

Abb. 15: Normschrift Bv und Bk

Die bekannteste der verwendeten Normschriften ist eine Kombination aus Schriftform B mit der jeweiligen Neigung, so ergeben sich **Bv** (mittelbreite Linie, vertikal) und **Bk** (mittelbreit, kursiv).

Anwendung
von Schriftarten Normschriften werden für Handzeichnungen in allen üblichen Maßstäben und Stiftstärken als Schablonen angeboten. Neben der Normschrift wird in den Architekturzeichnungen, die noch freihändig erstellt werden, die Bauschrift verwendet. Sie beschränkt sich nur auf die Großbuchstaben, die aus der Form eines Quadrates entwickelt wurden.

Bei CAD-Zeichnungen kann in der Regel auf das volle Spektrum der Betriebssystem-Schriftarten zurückgegriffen werden. Auch hier empfiehlt sich aber die Nutzung einer weit verbreiteten Schrift, da beim Datenaustausch der nächste Nutzer ebenfalls die Schrift installiert haben sollte.

Die Beschriftung erfolgt horizontal immer aus Leserichtung des Plans bzw. vertikal um 90° gegen den Uhrzeigersinn gedreht (also von unten oder von rechts lesbar).

VERMASSUNG

Grundlagen
der Vermaßung Unabhängig davon, dass Pläne maßstabstreu gezeichnet werden, müssen alle relevanten Maße eindeutig definiert werden. Dies geschieht mit Hilfe von Maßketten, Höhenkoten oder Angabe von Einzelmaßen. Maßketten sind aneinander gereihte Teilabschnitte, die mit einzelnen Maßangaben versehen werden. Höhenkoten sind definierte Höhenpunkte (z. B. die Oberkante einer Geschossdecke). Vorgaben für die Maßeintragung in Zeichnungen sind in den länderspezifischen Normen geregelt.
> Anhang

Maßketten

Aufbau
einer Maßkette Eine Maßkette besteht grundsätzlich aus folgenden Bestandteilen:
— Maßlinie
— Maßhilfslinie
— Maßbegrenzungen
— Maßzahl

Maßlinie, Maßbegrenzungslinien und Maßhilfslinien sind immer Volllinien. Die Maßlinie wird parallel zu dem zu vermaßenden Bauteil angeordnet, wobei die Maßhilfslinie senkrecht zu der Maßlinie steht und die vermaßte Achse, Kante oder Linie definiert.

Maßbegrenzungen Maßbegrenzungen definieren den Außenpunkt der vermaßten Strecke auf der Maßlinie. Auch wenn prinzipiell die Maßhilfslinie dies bereits definiert, ist bei kreuzenden Zeichnungslinien oft nicht klar, ob beispielsweise eine starke Linie einer geschnittenen Wand auch die Maßbegrenzung enthält. Daher sollten die Maße optisch eindeutig begrenzt werden. Abhängig vom Maßstab werden entweder eine diagonale Linie oder ein

Abb. 16: Bestandteile einer Maßkette

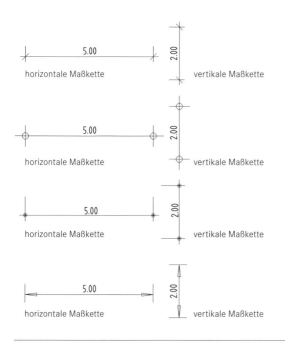

Abb. 17: Beispiel für Maßbegrenzungen

Kreis verwendet (z. B. Entwurf mit Linien, Werkplanung mit Kreisen und Detailplanung bei kleinen Maßketten mit geschlossenem Kreis), prinzipiell kann aber frei gewählt werden. Maßbegrenzungslinien werden von der Leserichtung gesehen in 45° von unten links nach oben rechts gezeichnet.

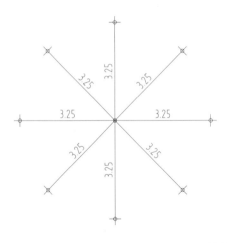

Abb. 18: Beschriftungsrichtung bei verschiedenen Winkeln

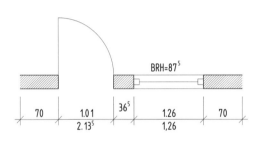

Abb. 19: Vermaßung einer Tür und eines Fensters in einer Wand

Maßzahlen in Maßketten

Die Maßzahl ist gleich der Länge des zu vermaßenden Bauteils und gibt entsprechend auch den Abstand der Maßbegrenzungen an. Bei Abständen größer als 1 m wird die Maßzahl in der Einheit Meter angegeben (z. B. 1), bei Abständen kleiner als 1 m ist es die Einheit Zentimeter (z. B. 99 oder 25). Bei Angaben im Millimeterbereich werden die Zahlen als Hochzahlen dargestellt (z. B. 1,25^5 oder 36^5). Maßeinheiten wie m oder cm werden nicht angegeben.

Position der Maßzahl

Die Maßzahl wird in der Regel oberhalb der Maßlinie sowie mittig zwischen den Maßbegrenzungen platziert. Bei Öffnungsmaßen wird zusätzlich die Öffnungshöhe unterhalb der Maßlinie hinzugefügt. ＞Abb. 19 Gibt es zusätzlich eine Brüstung (z. B. bei Fenstern), wird direkt an der Innenseite der Öffnung die Brüstungshöhe (z. B. mit BRH oder BR = 75) angegeben.

Eher unüblich ist die Vermaßung innerhalb der Maßlinie: Alternativ zu den Maßzahlen oberhalb der Maßlinie können die Maßzahlen auch direkt in die Linie geschrieben werden, worauf der Teilbereich der Maßlinie ausgespart wird.

Problematisch wird es, wenn sehr kleine Abstände zwischen den Maßbegrenzungen existieren, d. h. wenn wenig Platz für die Maßzahl vorhanden ist (z. B. bei Leichtbauwänden und Vorwandinstallationen). Hier kann die Maßzahl auch unmittelbar neben der Maßbegrenzung stehen. >Abb. 25–27 Auch dürfen sich Maßzahlen und Maßlinien nicht überlagern, um die Lesbarkeit zu erhalten.

Höhenmaße

Die Höhenmaße machen Angaben zu Geschoßhöhen, Brüstungshöhen oder Durchgangshöhen und beziehen sich auf die Höhenlage ± 0,00. Diese wird im Normalfall auf die Oberkante der Fertigkonstruktion des Fußbodens im Eingangsbereich gelegt. Dieser Punkt wird vom Vermesser auf NN (Normal Null) bezogen und eingemessen, so dass das Gebäude in seiner Höhenposition korrekt eingeordnet ist. Daher sollte auf jedem Plan der Bezug von NN und ± 0,00 definiert sein. Auf den Ausgangspunkt ± 0.00 werden durch die Vorzeichen + oder – alle Höhenangaben bezogen.

In der Darstellung muss man zwischen Höhenmaßen in Grundrissen bzw. Draufsichten und Schnitten bzw. Ansichten unterscheiden.

Höhenmaße werden in Ansichten und Schnitten durch Höhenkoten angegeben: Das zeichnerische Symbol für eine Höhenkote ist ein gleichseitiges Dreieck, das zusammen mit der Höhenangabe direkt in die Bauteilzeichnung oder auf eine zusätzliche Maßbegrenzungslinie (z. B. außerhalb des Gebäudes) gezeichnet wird.

Höhenmaße in Ansichten / Schnitten

Abb. 20: Typische Höhenmaße

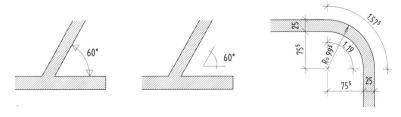

Abb. 21: Vermaßung von Winkeln und Beispiel eines Bogenmaßes

Bei Rohbaumaßen wird das Dreieck in der Regel geschwärzt, bei Fertigbaumaßen hingegen als Liniendreieck belassen. Somit lassen sich auch bei kleinen Darstellungen die angegebenen Maße eindeutig zuordnen.

Höhenmaße in Grundrissen

Höhenvermaßungen in Grundrissen und Draufsichten lassen sich ebenfalls durch Dreiecke darstellen (ausgefüllt für Rohbau, unausgefüllt für Fertigbau), meist werden aber durch eine Linie geteilte Kreise verwendet, auf denen oberseitig das Fertigbaumaß und unterseitig das Rohbaumaß angegeben wird. Auch hier kann man durch entsprechende Füllungen der Kreishälften die Maße direkt kennzeichnen. Eine weitere Möglichkeit der Zuordnung ist die Benennung OKFF (Oberkante Fertigfußboden) und OKRD (Oberkante Rohdecke).

Winkel- und Bogenmaße

Winkelmaße

Stehen Bauteile nicht im rechten Winkel zueinander, so ist der maßgebliche Winkel anzugeben. Dies geschieht in der Regel über die Gradangabe und das typische Winkelsymbol ∢, es kann aber ebenfalls über einen Kreisausschnitt mit Pfeilen an den Enden und mittiger Gradangabe erfolgen.

Bogenmaße

Bei runden Bauteilen sind Bogenmaße anzugeben, um beispielsweise die abgewickelte Länge einer gebogenen Stahlbetonwand zu definieren. Dies ist unter anderem für die Bestimmung und Abrechnung der Massen notwendig (laufende Meter Wand, Fußleisten etc.). Die Maßkette bei einem Bogenmaß besteht aus einem parallelen Kreis zum eigentlichen Bogen (das heißt, Maßkreis und gebogene Wand haben den gleichen Mittelpunkt). Die Maßbegrenzungen können wie bereits oben erläutert ebenfalls bei Bogenmaßen angewendet werden, alternativ werden Pfeile an den Enden des Maßkreises benutzt.

Einzelne Maßangaben

Müssen einzelne Maßangaben gemacht werden, so werden sie in der Regel direkt an das betreffende Bauelement geschrieben. Diese können durch Abkürzungen (z. B. Brüstungshöhe BR oder BRH), durch Symbole (z. B. $\varnothing$ für Durchmesser oder ▱ für einen Rechteckquerschnitt) zusätzlich zugeordnet werden. Radien bekommen den Großbuchstaben R vor der Maßzahl, Schrauben und Gewindestangen ein M. Bei Angaben zu Breite und Länge können zur Vereinfachung auch Bruchformen angegeben werden (z. B. B/H 12/16 für einen Holzbalken von 12 cm Breite und 16 cm Höhe).

Planungsstufen

Grundsätzlich können Bauzeichnungen in zwei Gruppen aufgeteilt werden. Die erste Gruppe beschreibt die Phase der Ideenfindung: vom Entwurf bis zur Baugenehmigung.

Die zweite Gruppe beinhaltet die Phase der Ausführung des Bauvorhabens mit den damit verbundenen baubegleitenden Zeichnungen. Demnach unterscheidet man zwischen Vorentwurfs-, Entwurfs-, Bauvorlage-, und Ausführungszeichnungen.

Die entsprechenden Planunterlagen enthalten spezifische Informationen für eine bestimmte Zielgruppe. Planunterlagen können Entscheidungsgrundlage für Bauherren oder Baubehörden sein, Fachplanern als Grundlage für ihre eigene Planung dienen oder konkrete Bauanweisungen für ausführende Fachfirmen enthalten. Der Umfang und die Genauigkeit eines Planes orientieren sich am Zweck, der Art und dem Maßstab einer Zeichnung. Je geringer die Verkleinerung ist, desto größer sind die dargestellten Bauteile und desto detaillierter werden damit die Pläne vermaßt und beschriftet.

GRUNDLAGENERMITTLUNG

Katasterplan

Für einen generellen Überblick oder eine Entwurfsgrundlage stehen Katasterpläne oder Flurkarten (meist M 1:1000) von Städten und Gemeinden zur Verfügung, die jedoch einige Ungenauigkeiten in den Maßangaben enthalten können.

Bestandspläne

Wird ein bestehendes Gebäude umgebaut, so muss als Grundlage zunächst der Bestand aufgemessen und zeichnerisch dargestellt werden. Auf dieser Grundlage können dann die weiteren Planungsschritte erfolgen. Der Aufwand und damit die Genauigkeit von Bestandsplänen hängen stark von der weiteren Nutzung ab. Soll ein kleiner Anbau an ein bestehendes Wohngebäude ohne besonderen Anspruch an die Detailqualität erstellt werden, so reicht es in der Regel aus, die betreffenden Räume mit Breiten, Längen und Höhen zu erfassen. Sollen denkmalpflegerische Maßnahmen in einem geschützten Gebäude durchgeführt werden, sind die Maße im Detail aufzunehmen und durch exakte Angaben der Oberflächen und Eigenheiten zu ergänzen.

VORENTWURFSPLANUNG

Zweck der Vorentwurfsplanung

In den Vorentwurfszeichnungen wird eine Konzeptidee in eine zeichnerische Gesamtdarstellung (in einen Plan) umgesetzt. Man unterscheidet in dieser Phase außerdem zwischen den Bauzeichnungen als Vorstufe für künftige Planung und den Konzeptzeichnungen für den Bauherrn zur Erläuterung der Idee. Ziel einer Vorentwurfsplanung ist einerseits die Klärung und Vermittlung der Entwurfsidee. Vorentwurfspläne drücken somit

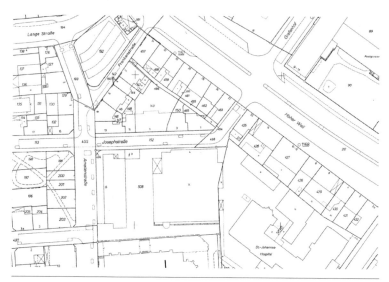

Abb. 22: Beispiel eines Katasterplans

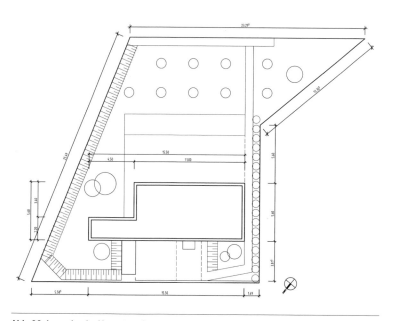

Abb. 23: Lageplan im Vorentwurf

die Entwurfshaltung des Planers aus und erlauben in ihrer Darstellung große Freiheitsgrade. Andererseits kann schon eine Vorentwurfszeichnung zur Klärung der baurelevanten Informationen mit der Baubehörde hinzugezogen werden. Sie bildet deshalb auch die Grundlage für die Erlangung eines Vorbescheids seitens der Baubehörden.

Maßstab Vorentwurfszeichnungen geben nur die notwendigsten Informationen über die Gebäudeform und Größe. Diese Zeichnungen werden vorwiegend im M 1:200 bzw. bei großen Projekten im M 1:500 gezeichnet. Lagepläne hingegen werden in größerer Verkleinerung (M 1:500 oder M 1:1000) dargestellt.

Lageplan Im Lageplan wird der Baukörper auf der Basis der Grundstücksabmessungen im Zusammenhang zur Umgebung gezeichnet. Man bestimmt seine Lage auf dem Grundstück und spricht daher von einem Lageplan. Die Eintragungen geben einen Überblick über die Größe und Ausrichtung des Gebäudes, der Beschaffenheit des Geländes und dessen Nutzung und beziehen gegebenenfalls auch die Nachbargrundstücke mit ein.

Erstellung von Grundrissen, Schnitten und Ansichten Ein sinnvoller Startpunkt bei der Erstellung der weiteren Bauzeichnungen ist zunächst ein auf den Lageplan abgestimmter Erdgeschossgrundriss. Ausgehend vom Erdgeschossgrundriss entwickelt man die darüberliegenden Geschosse am besten, indem der bereits erstellte Grundriss daruntergelegt wird (sowohl auf dem Zeichentisch als auch im CAD-Programm).

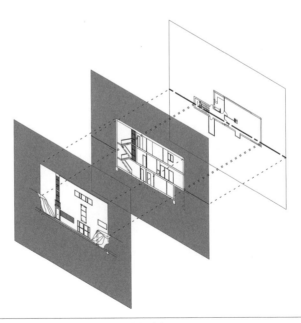

Abb. 24: Konstruieren von Schnitten und Ansichten

Nach Erstellung der Grundrisse können dann relativ einfach die Schnitte konstruiert werden. Dazu zeichnet man zunächst in den Grundriss die gewählte Schnittlinie ein und dreht ihn dann so, dass diese Schnittlinie waagrecht liegt und die Basis für den Schnitt bildet. Sie bildet die Nulllinie des Schnittes, also das Eingangsniveau des Gebäudes. Auf ihr werden alle Höhen senkrecht nach oben (Obergeschosse) und unten (Untergeschosse) aufgebaut: Dafür verlängert man einfach die Kanten der geschnittenen Wände des Grundrisses in der entsprechenden Höhe zur Nulllinie. Ansichten sollte man erst auf der Basis der Höhenfestlegungen in den Schnitten konstruieren. Am einfachsten zeichnet man die Außenumrisse der Schnitte durch und ergänzt Fenster, Türen und Geländeanschlüsse mittels daruntergelegter Grundrisse. > Abb. 24

Ziel der Vorentwurfsplanung ist es, die Gebäudekubatur, ihre Raumaufteilung sowie die Einfügung des Baukörpers in die Umgebung in einer vorläufigen Anordnung und mit vorläufigen Abmessungen zu klären und abzubilden. Bauteile werden in der Regel werkstoffunabhängig dargestellt, so dass zunächst nur erkennbar ist, welche Elemente geschnitten sind.

Darstellung von Bauteilen

In Ansichten werden alle sichtbaren Kanten mit einer Volllinie dargestellt. Die Stärke der Volllinie richtet sich nach dem Maßstab, der Relevanz (Wände sind wichtiger als z. B. die Türklinke) und dem Detaillierungsgrad des Gebäudes. So werden die Umrisse der Außenwände und deren Öffnungen am stärksten hervorgehoben.

Ausstattungsdetails wie Toiletten, Küchen oder Möbel werden in der Auf- und Ansicht dargestellt, um den Entwurf zu veranschaulichen. Gerade im Wohnungsbau sind Einrichtungsgegenstände für unerfahrene Bauherren als Maßstab für Größenverhältnisse wichtig, um Proportionen und Raumgrößen zu verstehen.

Die Darstellung von Bäumen, Personen und vom Außenraum soll die Einbindung des Gebäudes in die Umgebung verdeutlichen, aber gleichzeitig nur als Hintergrund dienen und keine Informationen verdecken. Durch die Darstellung von Objekten, an deren Größe oder Proportionen auch das ungeübte Auge gewöhnt ist, lassen sich Proportionen und Maßstäbe besser vermitteln. Man spricht dabei von Maßstabsbildnern. Diese Staffagen werden in der Regel nur im Vorentwurfs- und Entwurfsstadium sowie bei Wettbewerbs- und Präsentationszeichnungen verwendet.

Maßstabsbildner

Die Vermaßung beschränkt sich bei Vorentwurfsplänen auf grobe Maße. In Grundrissen werden Außenmaße und wichtige Raummaße angegeben, um Raumgrößen und Gesamtmaße verstehen zu können. Einzelne Vor- und Rücksprünge sowie Tür- und Fensteröffnungen werden in der Regel nicht vermaßt.

Vermaßung

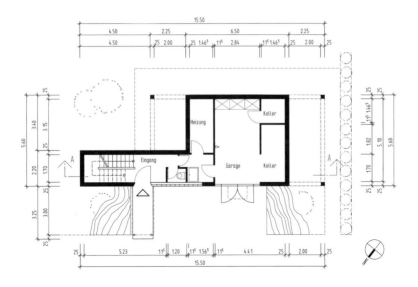

Abb. 25: Vorentwurfsplan Grundriss Kellergeschoss

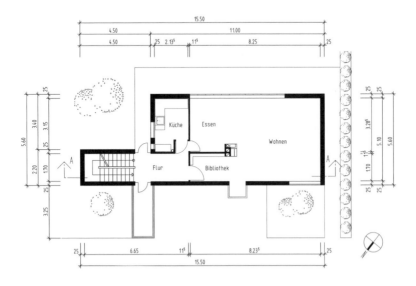

Abb. 26: Vorentwurfsplan Grundriss Erdgeschoss

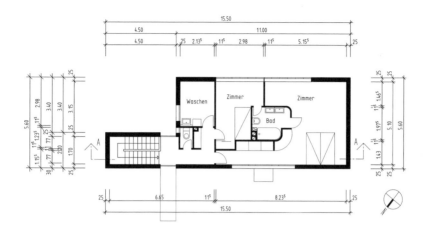

Abb. 27: Vorentwurfsplan Grundriss Obergeschoss

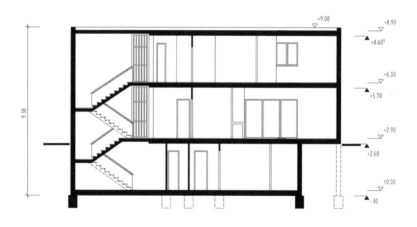

Abb. 28: Vorentwurfsplan Schnitt

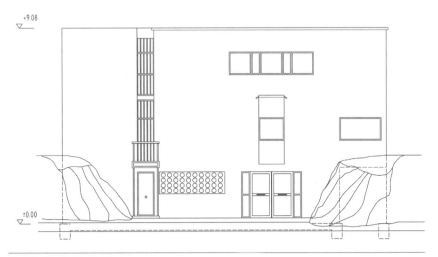

Abb. 29: Vorentwurfsplan Ansicht Nordwest

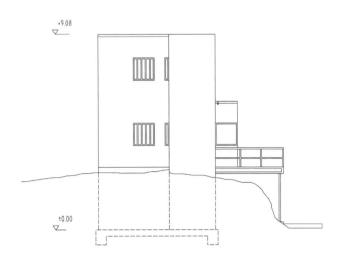

Abb. 30: Vorentwurfsplan Ansicht Nordost

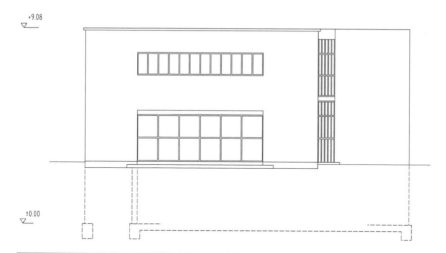

Abb. 31: Vorentwurfsplan Ansicht Südost

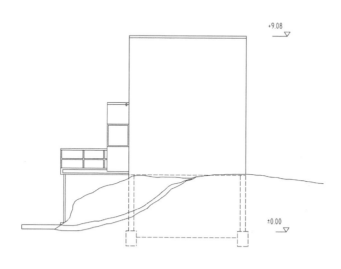

Abb. 32: Vorentwurfsplan Ansicht Südwest

○ **Hinweis:** Das dargestellte Gebäude (S. 34–37) zeigt den Entwurf eines frühen Wohnhauses von Le Corbusier in Vaucresson (1922). Die Pläne wurden von den Autoren auf der Grundlage von Le Corbusiers Plänen nachgezeichnet, wobei Maße und Details entsprechend der hier notwendigen Veranschaulichungen verändert und angepasst bzw. Maßketten vervollständigt wurden. Teilweise sind die Maße von Türen, Toilettenräumen etc. nach heutigen Vorschriften nicht mehr zulässig und sollten daher nicht als Vorgabe für eigene Bauzeichnungen dienen.

■ **Tipp:** Gerade in Abgabephasen von Studienarbeiten oder Wettbewerben hilft es, wenn man sich zur Erläuterung des Entwurfs eine kurze Stichwortliste mit den wesentlichen Elementen der Entwurfsidee erstellt und diese in Piktogramme umsetzt.

Detaillierte Informationen zu Architektenwettbewerben, den Verfahren und Strategien findet man in U. Franke / K. Kümmerle: „Thema: Architektenwettbewerb", Birkhäuser Verlag, Basel 2006.

In Ansichten werden lediglich wichtige Höhenmaße wie Trauf- und Firsthöhe angegeben, in Schnitten zusätzlich die Raum- bzw. Geschosshöhen.

Beschriftung Auch die Beschriftung beschränkt sich auf einfache Raumzuweisungen durch Funktionen sowie die überschlägigen Quadratmeterflächen der Räume.

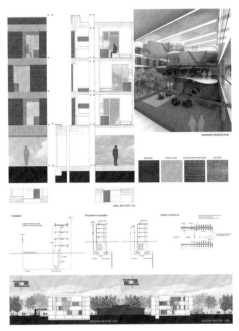

Abb. 33: Beispiele Wettbewerbsplan

PRÄSENTATIONSPLÄNE

Um einen Entwurf zu präsentieren, werden unabhängig von den klas- Präsentation
sischen Bauzeichnungen Präsentationspläne angefertigt. Meist werden Bauherr
Präsentationspläne nach Fertigung eines Vorentwurfs erstellt, um diesen dann für die weitere Planung zu bestätigen: Präsentationspläne sollen eine bestimmte Zielgruppe von der Entwurfsidee und dem Konzept
überzeugen, sie sind somit zielorientiert zu konzipieren.

Kann beispielsweise ein unerfahrener Bauherr mit einer technischen,
zweidimensionalen Zeichnung keine räumliche Idee verbinden, so macht
es Sinn, über räumliche Darstellungen oder Perspektiven seine Raum-
vorstellung zu unterstützen.

Gegebenenfalls muss er den Entwurf auch vor einem dritten Gre-
mium vorstellen und benötigt optische Überzeugungsgrundlagen. Dies
können dreidimensionale Darstellungen wie Perspektiven, aber auch die
grafische Darstellung von Zonierungen, Wegebeziehungen, Arbeitsberei-
chen oder Ähnlichem auf Grundlage von Grundrissen und Schnitten sein.

Nimmt man, sei es als Planer oder Student, an einem Wettbewerb Wettbewerbe
teil, so muss die eigene Idee so dargestellt werden, dass sie sich der Jury ■

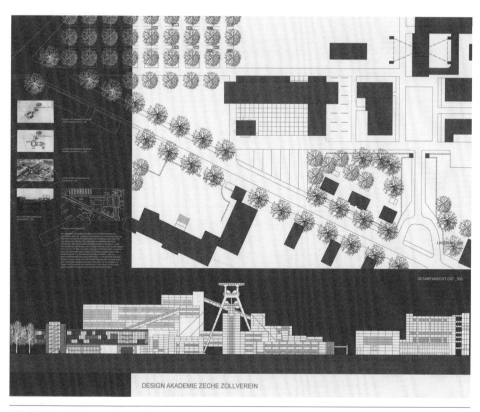

Abb. 34: Beispiel einer studentischen Präsentation: Lageplan

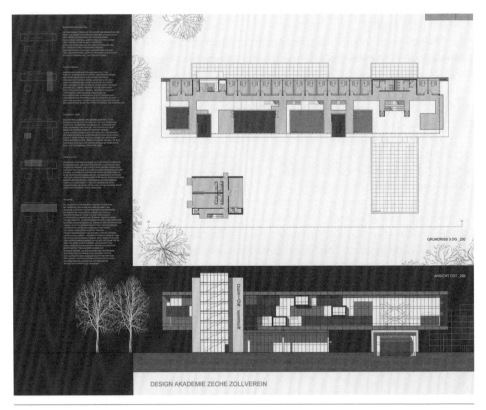

GRUNDRISS 3.OG _200

ANSICHT OST _200

DESIGN AKADEMIE ZECHE ZOLLVEREIN

Abb. 35: Beispiel einer studentischen Präsentation: Grundriss und Ansicht

erschließt. Da sich diese in der Regel aus einer Mischung aus Fachleuten (Fachpreisrichtern) und Laien (Sachpreisrichtern) zusammensetzt, sind die entsprechenden Ansprüche beider Gruppen zu berücksichtigen. In der Regel steht für die Beurteilung der eingereichten Arbeiten nur wenig Zeit zur Verfügung und so sollten alle Betrachter schnell ein Verständnis für den individuellen Entwurf entwickeln können. Darüber hinaus ist es wichtig, sich auch in der Darstellung des Entwurfs von den anderen Wettbewerbsteilnehmern abzusetzen.

Präsentationen im Studium

Bei der Vorstellung eines Studentenentwurfs soll der betreuende Hochschullehrer die Ideen seiner Studenten verstehen, das heißt, die Präsentation soll eine qualifizierte Fachperson mit entsprechenden Abstraktionsfähigkeiten und guter Vorstellungskraft überzeugen. Daher werden bei Studentenarbeiten meist konzeptionellere Darstellungen gewählt als dies gegenüber Bauherren geschieht. So können, wenn dies grafisch wünschenswert ist, z. B. die für den Laien notwendigen Maßstabsbildner entfallen.

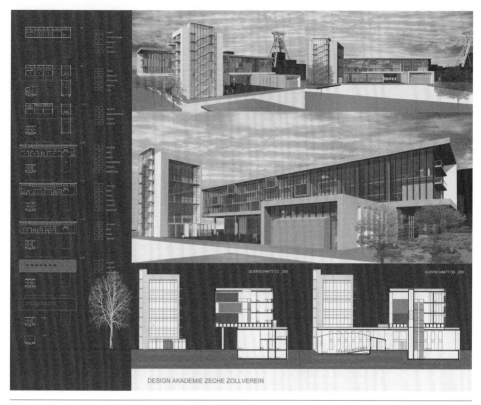

DESIGN AKADEMIE ZECHE ZOLLVEREIN

Abb. 36: Beispiel einer studentischen Präsentation: Schnitte und Perspektiven

Neben den klassischen Elementen wie Lageplan, Grundrissen, Schnitten und Ansichten enthalten Präsentationspläne oft dreidimensionale Darstellungen von Außen- und Innenräumen. Hilfreich sind auch piktografische Elemente, welche die Entwurfsidee oder die funktionalen Zusammenhänge des Entwurfs klar darstellen. _{Inhalte von Präsentationsplänen}

Die einzureichenden Pläne sind in der Regel auf einen bestimmten Maßstab festgelegt. Bei Präsentationen ist man ansonsten weitaus freier als bei technischen Bauzeichnungen. Vermaßungen können auf ein Minimum beschränkt, Bauelemente eher grafisch dargestellt oder der gesamte Zeichnungsumfang auf eher kompositorische Elemente reduziert werden. Der Kreativität sind dabei keine Grenzen gesetzt. Wichtig ist es, das Verständnis und den Zugang der betrachtenden Personen zu bedenken und die Darstellung darauf abzustimmen. _{Darstellung in Präsentationsplänen}

ENTWURFSPLANUNG

Zweck der
Entwurfsplanung

Die Entwurfsplanung entwickelt die Vorentwurfsplanung weiter. Der Architekt definiert jetzt zusammen mit dem Bauherrn endgültig die Geometrie und die Abmessungen des Entwurfs für die nun folgende Baugenehmigungsplanung. Daher müssen in der Entwurfsplanung alle wichtigen Elemente dargestellt sein, die für die Genehmigungsbehörden bei der Prüfung relevant sind. In dieser Phase werden auch die Planungen anderer Fachbereiche wie Tragwerksplanung und Haustechnik berücksichtigt, so dass alle grundlegenden Angaben zur Konstruktion (z. B. tragende Wände) ersichtlich sein müssen.

Maßstab

Entwurfsgrundrisse im Wohnungsbau werden in der Regel in einem Maßstab von 1:100 gezeichnet, bei sehr großen Gebäuden gegebenenfalls in M 1:200 oder M 1:500. Würde beispielsweise der Grundriss einer großen Industriehalle in M 1:100 dargestellt, müsste man diesen auf viele DIN-A0-Blätter verteilen, so dass der Entwurf nicht mehr als Ganzes wahrgenommen werden könnte. Da die Entwurfspläne dem Bauherrn aber wie oben erläutert eine verständliche und benutzbare Grundlage für weitere Diskussionen bieten sollen, ist die gröbere Darstellung in einem höheren Maßstab sinnvoll.

Darstellung
von Wänden

Schon in der Entwurfsplanung kann bei der Darstellung der Wände eine werkstoffabhängige Schraffur benutzt werden, um das Material zu definieren: z. B. eine Stahlbeton-, eine Mauerwerks- oder eine Trockenbauwand. Zudem werden durch die Wandstärken tragende und nicht tragende Wände unterschieden. Eine Darstellung von Wandoberflächen (z. B. Innenputz) ist in der Entwurfsplanung unüblich. In den Wänden sind alle Öffnungen und Fenster korrekt einzutragen, so dass die Öffnungsmaße und gegebenenfalls die Brüstungen erkennbar sind. Die Aufschlagrichtung der Türen sollten auch schon in der Entwurfsplanung definiert werden, um den Bewegungsfluss im Gebäude darzustellen.

Fundamente werden in Absprache mit der Tragwerksplanung mit ihrer Konstruktion (Einzelfundamente, Frostschürze, Fundamentstreifen) mit korrekten Tiefen und Breiten angegeben. Wenn es zur Erläuterung des Schnittes notwendig ist, können nicht sichtbare Teile gestrichen dargestellt werden.

Darstellung
von Decken

Schnittdarstellungen von Decken bestehen aus der Rohdecke einschließlich der schraffierten Materialitätsdarstellung und dem Fertigfußboden als Oberkante, um die Aufbauhöhe zu definieren.

Darstellung nicht
sichtbarer Elemente

Da in einem Grundriss wie schon beschrieben die horizontale Schnittebene ca. 1–1,5 m oberhalb der Fußbodenebene liegt, sind Bauteile, die darüber liegen, im Plan nicht sichtbar. Es ist jedoch zum Verständnis der Geometrie und des Raumes oft notwendig, auch diese Bauteile darzustellen. Dabei kann es sich um Unterzüge handeln, die einen Raum optisch

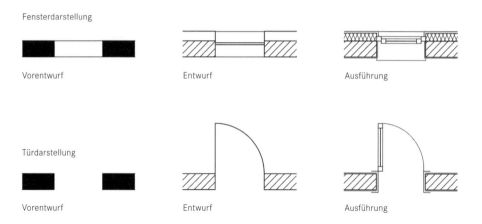

Fensterdarstellung

Vorentwurf   Entwurf   Ausführung

Türdarstellung

Vorentwurf   Entwurf   Ausführung

Abb. 37: Maßstabsabhängige Darstellung von Wänden, Türen und Fenstern

in mehrere Abschnitte teilen (die Maße der Unterzüge werden direkt in der Grundrisszeichnung angegeben z. B. UZ 45/35), oder um eine Treppe, deren oberer Verlauf mit Anschlusspunkt zum Verständnis der Treppengeometrie notwendig ist. Gleiches gilt auch für Schnitte beispielsweise bei verdeckten Zwischengeschossen oder nicht sichtbaren Treppenläufen. In Ansichten können die tragenden Wände und Decken innerhalb der Gebäudehülle mit kurzer gestrichelter Linie angedeutet werden.

In den Ansichten können zusätzlich folgende Elemente eingezeichnet werden: Fenster mit Aufteilung und Öffnungsart, Rolladenkasten (RK), Höhe von Fensteröffnungen, Balkone, Brüstungen, Versprünge, Dachformen. *Zusätzliche Angaben in Ansichten*

Der bestehende und geplante Geländeverlauf vor und nach dem Bau ist möglichst genau einzuzeichnen, da dies für die Ein- und Ausgänge des Gebäudes, die notwendigen Erdarbeiten und die Bauaufsichtsbehörden relevant ist. Auch entwickelt sich hieraus die Höhensystematik des Gebäudes. *Geländeverlauf*

Treppen werden in Entwurfsplänen durch die Angabe von Stufenanzahl, Steigung und Auftritt bestimmt (z. B. 10 Steigungen mit 17,5/26). Zudem werden Treppenläufe durch Lauflinien gekennzeichnet, wobei der Anfangspunkt (Antritt) durch einen Kreis und der Endpunkt (Austritt) durch einen Pfeil symbolisiert wird. Rampen hingegen werden durch zwei Linien gekennzeichnet, die aus den Ecken im Rampenanfangspunkt bis zum Mittelpunkt des oberen Abschlusses geführt werden. *Darstellung von Treppen und Rampen*

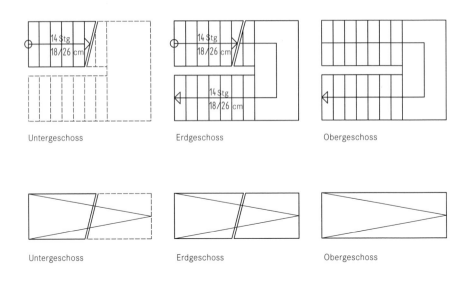

Untergeschoss   Erdgeschoss   Obergeschoss

Untergeschoss   Erdgeschoss   Obergeschoss

Abb. 38: Treppen- und Rampendarstellung

In Schnitten werden die Treppenkonstruktionen möglichst einfach dargestellt, um die Treppengeometrie verstehen zu können: Man unterscheidet Beton-, Holz- oder Metalltreppen als geschlossene oder offene Treppen mit oder ohne Podest.

Vermaßung der Grundrisse

Die Vermaßung in der Entwurfsplanung dient der Definition der geometrischen Zusammenhänge eines Gebäudes und der darin enthaltenen Räume. Zunächst werden – wie in der Vorentwurfsplanung – die Außenabmessungen des Gebäudes einschließlich aller Außenverkleidungen und -putze vermaßt. Dies erleichtert z. B. die Bestimmung der Bruttogeschossfläche, des Bruttorauminhaltes und die Einordnung im Lageplan bzw. auf dem Grundstück.

Im zweiten Schritt werden entlang der Außenwand alle Außentüren und Fenster vermaßt, idealerweise wird eine zusätzliche Maßkette für die innenseitige Position der Fenster ergänzt. >Abb.39 Somit lassen sich alle Öffnungen im geometrischen Bezug zur Ansichtsfläche des Hauses und in Bezug auf die Raumwirkung der Außenwand klären. Eventuelle Verschiebungen zwischen Außen- und Innenachsen bzw. eventuelle Fensteranschläge sind erkennbar und planbar.

Im nächsten Schritt werden die Innenräume in ihrer Länge und Breite erfasst. Dies ist eine Voraussetzung zur Berechnung der Raum- und Wohnungsgrößen und dient dem späteren Nutzer als Grundlage für Möblie-

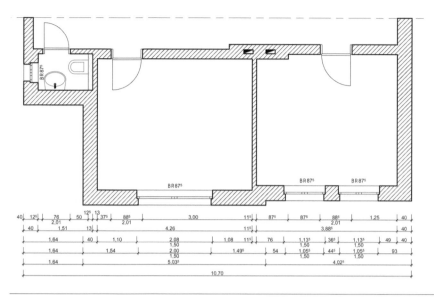

Abb. 39: Beispiel eines horizontalen Maßkettenpakets

rungen. Daher sind einzelne Maßketten der gesamten Raumgröße und der Wandabwicklung mit Tür(en) sinnvoll.

Die Höhen von Öffnungsmaßen (Türen, Stürze und Fenster) werden wie bereits beschrieben mit einer zusätzlichen Zahl unterhalb der Maßlinie definiert, bei Fenstern wird die Brüstungshöhe angegeben.

Der Planer sollte besonders darauf achten, Maßketten in einer nachvollziehbaren Reihenfolge und in klar erkennbaren Achsen aufzubauen, damit der Plan gut lesbar ist. Eine typische Reihenfolge bei einem Wohnhaus ist von außen nach innen:

○ **Hinweis:** Bei Mauerwerksbauten sollten oktametrische Maße sowie Bauricht- und Baunennmaß berücksichtigt werden. Bei einer Multiplikation von 24 cm langen Steinen inkl. einer 1 cm dicken Fuge ergibt sich ohne Schlussfuge das Baunennmaß (11,5 cm; 24 cm; 36,5 cm; 49 cm; etc.) und mit Fuge das Baurichtmaß (12,5 cm; 25 cm; 37,5 cm; 50 cm; etc).

Weitere Informationen sind in *Basics Mauerwerksbau* von Nils Kummer, Birkhäuser Verlag, Basel 2007, zu finden.

1. Maßkette: Gesamtaußenmaß
(ggf. zusätzliche Maßkette bei verspringenden
Wänden)
2. Maßkette: Außenmaße mit allen Öffnungen
(Türen, Fenster, Vorsprünge etc.)
3. Maßkette: Innenmaße der Öffnungen mit allen geschnittenen
Wänden
4. Maßkette: Raummaße: Raumgrößen der hinter der Außenwand
liegenden Räume
5. Maßkette: Innenwände der Räume mit Türen, Rücksprüngen,
Ecken und Durchgängen
6. Maßkette: Raumgrößen der im Innern liegenden Räume
7. Maßkette: etc.

■ Falls für den Entwurf relevant (z. B. bei Industriehallen) wird die Achs-bemaßung am weitesten von der Zeichnung angeordnet und mit fortlau-fenden Zahlen rechts oder links des Grundrisses und mit fortlaufenden Buchstaben oberhalb oder unterhalb des Grundrisses definiert.

Zusätzlich zu Angaben der Längen und Breiten ist es notwendig, auch eine Höhenaussage in den Grundriss einzufügen. Nur so kann der Grund-riss klar in die Höhensituation des Grundstücks und des Gebäudes ein-gegliedert werden. Diese Höhen werden, sofern der Grundriss keine Höhenstaffelungen aufweist, oft nur einmal im Eingangsbereich gekenn-zeichnet, für detaillierte Höhen wird der Schnitt herangezogen. > Abb. 40 Aus diesem Grund sollten in den Grundrissen die Höhenmaße erst nach Fertigstellung des Schnittes eingezeichnet werden.

■ **Tipp:** Die Struktur der Maßketten muss sorgfältig durchdacht sein, damit nicht zu viele Maßinformationen doppelt definiert, aber auch keine vergessen werden. Gerade bei mehreren kleinen, innen liegenden Räumen ist es oft nicht leicht, alle Maße im Maßkettenpaket unterzubringen. Gegebenenfalls kann man bei einzel-nen Maßen, die sich nicht unterbringen lassen, eine zusätzliche Maßkette direkt im Plan unterbringen (innerhalb eines Grundrisses). Dies ist in der Regel übersichtlicher als am Zeichnungsrand eine weitere, das gesamte Haus erfassende Maßkette zu platzieren, in der nur ein Teilmaß der darüberliegenden Maßkette aufgesplittet wird.

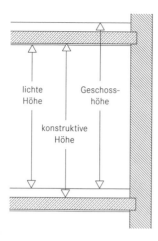

Abb. 40: Höhensystematik in Schnitten

Bei Schnitten sind vor allem die Höhen der Geschosse und der Konstruktion wichtig, da diese ergänzend zu den Grundrissen benötigt werden. Üblicherweise nutzt man dazu Höhenkoten > Kap. Grundlagen der Darstellung, Vermaßung, die durch vertikale Maßketten ergänzt werden. Die Höhenkoten dienen zur Angabe absoluter Höhen (auf Normalnull bezogen), die Maßketten geben einzelne Konstruktions- und Raumhöhen an. Beispielsweise werden dabei durch Höhenkoten in der Dachkonstruktion Angaben zur Höhe der tragenden Konstruktion und zur Gesamthöhe des Dachaufbaus (Fristhöhe, Attikahöhe) gemacht. Bei Höhenangaben der Geschosse unterscheidet man:

Vermaßung der Schnitte

— Geschosshöhe: Höhe von Oberkante zu Oberkante aufeinander folgender Geschosse
— Lichte Höhe (LH oder I.H.): Höhe zwischen Oberkante Fertigfußboden (OKFF) und Unterkante darüberliegender Fertigdecke (ggf. Unterkante Putz oder abgehängter Decke)
— Konstruktive Höhe: Abstand zwischen Oberkante Rohdecke (OKRD) und Unterkante darüberliegender Rohdecke (UKRD)

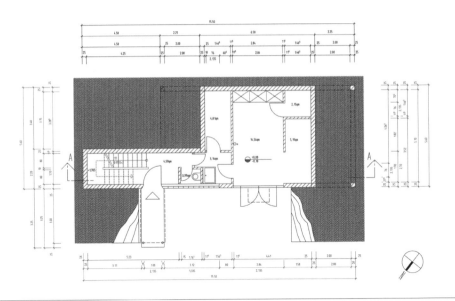

Abb. 41: Entwurfsplan Grundriss EG

Bei der Anordnung der Maßketten sollte man sich (wie schon im Grundriss) an folgendem Ablauf orientieren:

1. Maßkette: Gesamtaußenmaß
   (ggf. zusätzliche Maßkette bei Rück- oder Vorsprüngen)
2. Maßkette: Außenmaße mit allen Öffnungen
   (Türen, Fenster, Brüstungshöhen, etc.)
3. Maßkette Innenmaße mit allen Öffnungen
   (Türen, Fenster, Brüstungshöhen etc.)
4. Maßkette: Lichte Raumhöhen
5. Maßkette: etc.

Vermaßung der Ansichten
Die Ansichten werden durch Höhenkoten vermaßt, zur Vervollständigung kann bei größeren Bauprojekten die Verwendung von Maßketten notwendig werden.

Genau wie bei einem Schnitt beziehen sich die Höhenkoten auf die Nulllinie in Fertigfußbodenhöhe im Erdgeschoss, zusätzlich können Angaben zur Höhe in Normalnull (NN) angefügt werden.

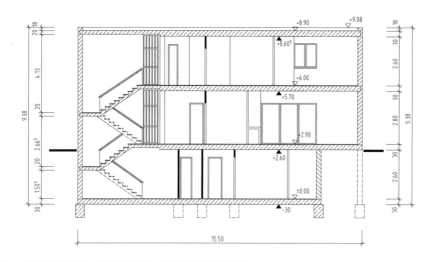

Abb. 42: Entwurfsplan Schnitt

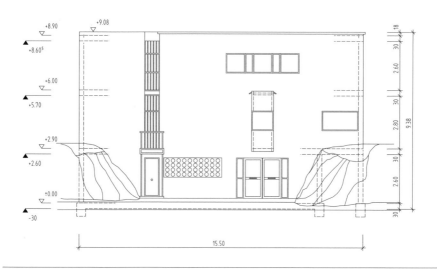

Abb. 43: Entwurfsplan Ansicht

49

■ **Tipp:** Die Umrechnung zwischen Grad und Prozent wird vereinfacht, wenn man sich den Rechenweg stückweise erschließt: Ein Gefälle von x % ergibt auf 100 cm horizontaler Fläche eine Höhendifferenz von x cm. Will man nun eine bestimmte Gradzahl in Prozent umrechnen, greift man auf die Gleichung Tangens Winkel = Gegenkathete zu Ankathete zurück. Damit ergibt sich beispielsweise bei 10° folgende Gleichung: tan 10° = 0,1584. Dies entspricht 15,84 cm zu 100 cm, also 15,84 %.

○ **Hinweis:** Eine detaillierte Einführung in das öffentliche Baurecht findet man in: Udo Blecken/Bert Bielefeld, „Bauen in Deutschland" Birkhäuser Verlag, Basel 2004.

Die ergänzenden Angaben in NN werden besonders zur Darstellung der Straßenhöhe und des Geländeverlaufs einbezogen.

Bei Ansichten im Entwurfsstadium werden in der Regel lediglich prägnante Elemente wie beispielsweise die Oberkante des Geländes und die Dachkante vermaßt.

Beschriftung
■ Ergänzende Angaben zur Grundrisszeichnung werden durch Raumstempel gemacht. Sie beinhalten Raumnummern und/oder Raumbezeichnungen (WC, Wohnraum etc.) und gegebenenfalls die Angabe der Raumfläche in Quadratmetern. Der Hauseingang wird oft durch ein schwarz ausgefülltes Dreieck gekennzeichnet, damit dieser im Plan leicht auffindbar ist.

Neigungen wie Steigungen und Gefälle werden durch ein Höhenmaß und eine Winkelangabe festgelegt und in Schnitten in Prozent oder Grad angegeben sowie durch einen Richtungspfeil ergänzt: Dachneigung von < 45° (Dachneigung nach rechts mit 45°). Des Weiteren wird ein Nordpfeil eingezeichnet, um einerseits die Belichtungssituation einzelner Räume nachzuvollziehen und andererseits die Ansichten (Nord, West, Süd, Ost) zuordnen zu können.

BAUGENEHMIGUNGSPLANUNG

In dieser Phase werden der Lageplan und die Entwurfszeichnungen durch die geforderten Angaben gemäß den Vorschriften der zuständigen Baugenehmigungsbehörde vervollständigt. Je nach Art und Größe des geplanten Gebäudes werden unterschiedliche Anforderungen gestellt. Prinzipiell sind die Entwurfszeichnungen mit sehr wenig Aufwand in Bauvorlagezeichnungen umzuwandeln.

Amtlicher Lageplan
Gerade Lagepläne müssen jedoch oft von einem öffentlich bestellten Vermesser oder dem örtlichen Vermessungsamt aufgestellt werden. Entsprechende Vorgaben sollten vor Einreichen eines Bauantrags bei der

zuständigen Behörde erfragt werden. Bei einem amtlichen Lageplan unterscheidet man einen schriftlichen und einen zeichnerischen Teil. Die Lageplanzeichnung wird im Normalfall im Maßstab 1:500 dargestellt, doch bei sehr großen oder sehr kleinen Bauvorhaben sind auch M 1:1000 und M 1:250 möglich. Der Inhalt des Lageplans ist normalerweise schwarzweiß und wird gegebenenfalls durch die farbige Darstellung von Flächen und Grenzen vervollständigt.

Ein Lageplan soll folgende Angaben enthalten:
— Lage des Grundstücks in Abhängigkeit der Himmelsrichtung, Nordpfeil
— Bereits bestehende bauliche Anlagen mit Angaben zur Nutzung, Anzahl der Geschosse, Dachform (Firstrichtung)
— Die geplante Baumaßnahme mit Angaben der Außenmaße, Höhenangaben in Bezug auf Normalnull (NN), Geschossigkeit, Dachform
— Außenmaße von Bestandsgebäuden und Neubauten
— Angaben zur Nutzungsart der nicht überbauten Flächen wie Garten, Stellplatz, Spielplatz, Terrasse etc.
— Eintragung und Nachweis der Abstandsflächen zu den Nachbargrundstücken sowie zu öffentlichen Flächen (oft in einem gesonderten Abstandsflächenplan)
— Markierung und Abgrenzung von Flächen mit Baulasten
— Lage von Versorgungsleitungen (Gas, Wasser, Elektrizität, Wärme, Funk/Telefon)

Der Lageplan wird durch folgende schriftliche Angaben ergänzt:
— Maßstab
— Angaben zur Straßenbezeichnung und Hausnummer, Eigentümer, Grundstücksbezeichnung (Gemarkung, Flur, Parzelle)
— Flächenangaben, katasterbezogene Grenzen
— Angaben zu Baumbeständen, besonders wenn unter Natur- oder Baumschutz
— Angaben zur Baulastfläche und deren Nutzung

Liegt das Baugrundstück in einem Bebauungsplan, so sind dessen Vorgaben einzuhalten, die meist durch grafische Symbole festgelegt werden.

Handelt es sich bei der Planung nicht um einen Neubau, sondern um einen An- oder Umbau, so sind in den Plänen Abbruch und Neubau klar zu unterscheiden. In der Regel werden zu Beginn des Projektes Bestandspläne gezeichnet, um auf dieser Grundlage die Umbau- und Rückbaumaßnahmen planen zu können. Bei größeren Abbruchmaßnahmen empfiehlt es sich zudem, eigenständige Abbruchpläne herzustel-

Bauen im Bestand

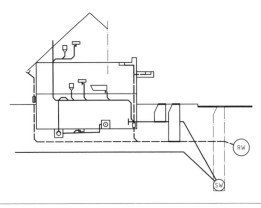

Abb. 44: Entwässerungssystematik im Schnitt

len, die als Ausführungspläne weiterentwickelt und als Grundlage der Abbrucharbeiten dienen. Abbruch wird grundsätzlich durch Kreuze im 45°-Winkel gekennzeichnet und in Grundriss und Schnitt eingestrichelt. Zusätzlich wird Bestand, Abbruch und Neubau im Plan farblich angelegt:

Schwarz: alte Bestandsbauteile, die erhalten bleiben
Rot: neue Bauteile, die hinzugefügt werden
Gelb: Bauteile, die im Zuge der Baumaßnahme entfernt werden

Entwässerungs-
zeichnungen

Generell sollte man die gewünschte Darstellung mit der genehmigenden Behörde absprechen.

Für die Entwässerung der sanitären Einrichtungsgegenstände wie WC oder Küchen und der Außenentwässerung der Dachflächen werden Entwässerungspläne gezeichnet, die den Verlauf der Entwässerungsleitungen darstellen. Sie enthalten in Grundriss und Schnitt die Fallleitungen und Anschlussleitungen der zu entwässernden Einrichtungen. Die Leitungen werden mit ihrem Durchmesser bezeichnet (z. B. DN 100 = Innendurchmesser 100 mm), anhand dessen Vorwandinstallationen, Installationsschächte etc. dimensioniert werden.

AUSFÜHRUNGSPLANUNG

Ausführungsplanungen haben das Ziel, dass anhand ihrer Angaben Zweck von Ausführungsplanungen exakt und präzise das Bauwerk errichtet werden kann. Daher müssen die Ausführungszeichnungen alle für die Ausführung notwendigen Einzelangaben enthalten. Dazu gehören nicht nur die Architektenpläne, sondern ergänzend auch die Planunterlagen der anderen Fachplaner, z. B. Heizung, Sanitärleitungen, Tragwerk, Brandschutz etc. Die Ausführungszeichnungen beinhalten zwei Untergruppen, die den Maßstab und den Detaillierungsgrad der Planung festlegen. Die Werkpläne im M 1:50 und die Detailpläne im M 1:20 bis M 1:1. Grundsätzlich lassen sich – ohne Anspruch auf Vollständigkeit – folgende Ausführungspläne unterscheiden:

- Werkpläne M 1:50 – Hierbei handelt es sich um Grundrisse, Ansichten und Schnitte, die den Gesamtbaukörper oder Teilbereiche dessen darstellen.
- Fassadenschnitte M 1:50-M 1:10 – Die Fassaden werden in der Regel mit Schnitten, Außen- und Innenansichten detaillierter dargestellt, um Zusammenhänge mit anderen Bauteilen konstruktiv und geometrisch festlegen zu können.
- Verlegepläne M 1:50-M 1:20 – Für einzelne Leistungsbereiche werden spezielle Verlegepläne gezeichnet. Dazu gehören unter anderem Estrichpläne, Fliesenspiegel, Bodenbelagspläne, Pläne für Trockenbau und Rasterdecken etc.
- Detailpläne M 1:20-M 1:1 – In Detailplänen werden einzelne konstruktive Punkte oder Anschlüsse mit allen Elementen detailliert dargestellt.
- Ggf. der Baustelleneinrichtungsplan

Der Planer muss die Entwurfsplanung so in gültige und vollständige Darstellung in Ausführungsplänen Ausführungs-, Detail- und Konstruktionszeichnungen umsetzen, dass der ausführende Bauunternehmer die Planung ohne Schwierigkeiten verstehen und umsetzen kann. Die Ausführungsplanung muss so präzise sein, dass sich keine ungewollten Interpretations- oder Ermessensspielräume ergeben können. Es muss aber nicht im Detail jede Schraube definiert sein, da die Fachkenntnis des jeweiligen Fachunternehmens vorausgesetzt werden kann. Eventuelle Vorgaben der Genehmigungsbehörden fließen ebenfalls in die Werkplanung ein. Die Ausführungsplanung muss während der Bauausführungsphase fortgeführt und angepasst werden, falls sich Änderungen oder Unklarheiten ergeben.

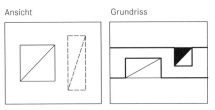

Ansicht   Grundriss

Aussparungen, deren Tiefe kleiner als die Bauteiltiefe ist

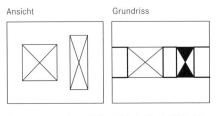

Ansicht   Grundriss

Aussparungen, deren Tiefe gleich der Bauteiltiefe ist

Abb. 45: Darstellung von Schlitzen und Durchbrüchen

Darstellung geschnittener Bauteile

In der Regel werden in der Ausführungsplanung die geschnittenen Bauteile mit allen Schichten M 1:50 dargestellt, um direkte konstruktive Aussagen zum Wandaufbau zu erhalten (z. B. Mauerwerk beidseitig verputzt oder Stahlbetondecke mit schwimmendem Estrich). Auch müssen Durchbrüche und Schlitze in Wänden und Decken dargestellt werden. Diese werden oft für haustechnische Installationen benötigt (z. B. Kamin, Verlegung von Heizungs-, Sanitär-, Lüftungs- und Elektroleitungen) und sind mit dem zuständigen Planer zu klären. Schlitze werden dabei mit einem diagonalen Strich gezeichnet; sobald das Bauteil komplett durchdrungen wird, wird der Durchbruch ausgekreuzt. Zur Hervorhebung können die Dreiecke geschwärzt werden.

Achsen in Ausführungsplänen

Bei Gebäuden mit sich wiederholenden Tragsystemen wie Industriehallen oder Bürogebäuden sollten die Längs- und Querachsen des Tragrasters über Zahlen oder Buchstaben benannt werden. So lassen sich Einzelbereiche direkt zuordnen, so dass sich beispielsweise die Tragwerksplanung darauf beziehen und die Achsenbezeichnung übernehmen kann. Achsen werden mit Strichpunktlinien gezeichnet, die entweder über die gesamte Zeichnung geführt oder nur außerhalb des Gebäudes angedeutet werden.

Vermaßung der Ausführungspläne

In Ausführungsplänen müssen alle für die korrekte Ausführung notwendigen Maße angegeben werden. Dazu gehören alle Maßketten, die bereits in der Entwurfsplanung dargestellt wurden; zusätzlich bedarf

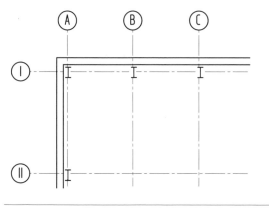

Abb. 46: Achsenbezeichnung

es jedoch einer lückenlosen Definition aller Höhen, Breiten und Tiefen jedes relevanten Bauteils, die immer einem für das Aufmaß auf der Baustelle nutzbaren Element zuzuordnen sind. Zunächst werden die allgemeinen Maßketten wie bereits in den Entwurfsplänen außerhalb des Gebäudes angelegt; die detaillierten Maßketten werden innerhalb des Grundrisses oder Schnittes angegeben.

Die Raumstempel in der Ausführungsplanung enthalten weitaus mehr Angaben als in der Entwurfsplanung. Hierzu gehören neben Raumnummern und Raumbezeichnungen Angaben

Raumstempel

- zur Raumfläche (A) in Quadratmetern,
- zu umlaufenden Wandabwicklungen (U), beispielsweise für Aufmaße bei Fußleisten,
- zur lichten Raumhöhe (LH oder l. H.), die wiederum für Wandabwicklungen, z. B. Aufmaß Malerarbeiten, benötigt werden.

■ **Tipp:** Bei der Vermaßung sollte man sich in die Rolle des ausführenden Baufacharbeiters auf der Baustelle versetzen, der vor Ort die Planunterlagen umsetzen muss. So stellt sich die Frage, ob jede Tür einzeln auf eine bestimmte Wand zu beziehen ist oder ob eine durchlaufende Maßkette den Arbeits- und Aufmaßprozess erleichtert. Soll beispielsweise eine Tür mit der Außenkante bündig in eine Leibung gesetzt werden, so hat es wenig Sinn, die mittige Achse der Tür zu vermaßen. Des Weiteren sollte man möglichst doppelte Vermaßungen vermeiden, da im Falle einer Änderung der Arbeitsaufwand größer wird und doppelte Maßketten schnell übersehen werden, was zu Unstimmigkeiten innerhalb des Plans führen kann.

In der Regel bietet es sich außerdem an, Boden-, Wand- und Decken-aufbauten zu spezifizieren. Da dies meist nicht in einem Raum unter-gebracht werden kann, kann man im Plankopf >Kap. Plandarstellung die Aufbauten benennen und über Kürzel den Räumen zuordnen (z. B. W1, W2 für Wandaufbauten etc.).

Werkpläne (Werkzeichnungen)

Inhalt von Grundrissen Folgende Informationen sollten in Werkplanungsgrundrissen ent-halten sein:

- Angaben zu Art, Eigenschaften und Abmessungen von Bauteilen
- Werkstoffabhängige Darstellung von Wand-, Decken-, Bodenaufbauten
- Darstellung der Abdichtungs- und Dämmebenen
- Tür und Fensteröffnungen mit Öffnungsrichtung, Öffnungs- und Brüstungshöhen
- Treppen und Rampen mit Lauflinie, Angaben zu Steigungsanzahl, Steigungsverhältnis und ggf. Übertritten
- Bauteilqualitäten wie Brandschutz und Schallschutz
- Konstruktive Fugen wie Dehnungsfugen oder Belagswechsel
- Wand- und Deckendurchbrüche, Schlitze, Schächte etc.
- Technische Einbauten, Kanäle, Schornsteine, Grundleitungen, Dränung etc.
- Feste Einbauten und Möbel, Sanitär- und Kücheneinrichtungen
- Alle Maße von Bauteilen, die zur korrekten Bauausführung notwendig sind (Jeder Vor- und Rücksprung muss ein Maß haben.)
- Alle Maße, die zum Nachweis der Raumflächen und zur Mengenermittlung benötigt werden
- Raumstempel (siehe oben)
- Höhenbezug zu NN, um die Geschosshöhe eindeutig zuordnen zu können
- Detailverweise

Inhalt von Ansichten und Schnitten In Ansichten und Schnitten werden außerdem folgende Angaben gemacht:

- Geschosshöhen, lichte Höhen, Rohbauhöhen
- Höhenkoten zu Roh- und Fertigfußboden, Fundamente, Dachkanten etc.
- Boden- und Dachaufbauten
- Geländedarstellung des bestehenden und geplanten Oberflächenverlaufs
- Fenster und Türen mit grafischer Darstellung von Teilungen und Öffnungsarten
- Dachrinnen, Regenfallleitungen, Schornsteine, Dachaufbauten

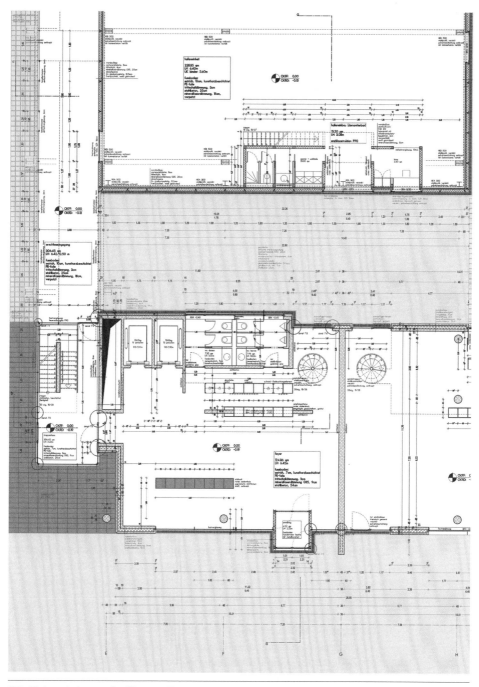

Abb. 47: Ausschnitte aus Ausführungsplänen M 1:50 (studentische Arbeit)

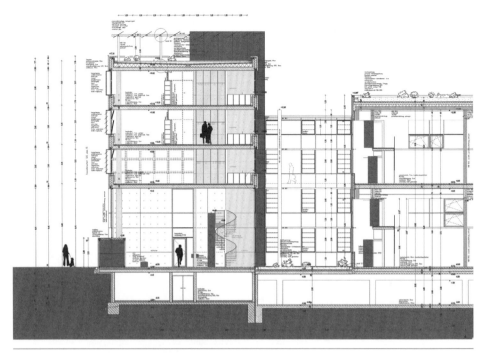

Abb. 48: Ausschnitt aus einer Ansicht M 1:50 (studentische Arbeit)

— Verdeckte Geschossdecken, tragende Wände und Fundamente
   gestrichelt
— Baugrubenverlauf
— Konstruktive Decken-, Dach- und Bodenaufbauten
— Ggf. Glasqualitäten in Ansichten, falls unterschiedlich

Fassadenschnitt

Um die Fassade in ihrer Gesamtheit im Detail darstellen zu können und nicht einzelne Detailpunkte herauszunehmen, kann ein Fassadenschnitt sinnvoll sein. Dabei wird die gesamte Höhenabwicklung in Schnitt, Innenansicht, Außenansicht und gegebenenfalls ergänzendem Grundrissausschnitt mit allen Anschlusspunkten und Höhenbeziehungen zwischen Innenraum und Fassade konstruiert.

Verlegepläne für Leistungsbereiche

Verlegepläne sind Bauzeichnungen, die speziell den Einbau bestimmter Bauelemente darstellen. Dies können z. B. Einbauübersichten für folgende Bauelemente sein:

— Stahlbeton-Fertigteile
— Stahlbauteile

Abb. 49: Beispiel eines Fassadenschnittes M 1:20 (studentische Arbeit)

59

- Holzbalken oder Dachstühle
- die Darstellung von Estrichfeldern (mit Darstellung der
  Dehnungsfugen und der Durchlässe)
- die Verlegung von Werksteinen (mit Verlegeraster, Schnittflächen
  und Dehnungsfugen)
- Fliesenspiegel (mit Verlegeraster, Einbauteilen und
  Dehnungsfugen)
- Abgehängte Decken (Verlegeraster, Einbauteile, akustisch
  wirksame Flächen etc.)
- Doppel- oder Hohlraumboden (Verlegeraster, Einbauteile unterhalb
  des Bodens)
- Bodenbelag (Verlegeraster oder -achsen, Bodenbelagswechsel
  etc.)

Verlegepläne werden oft auf Grundlage der bestehenden Werkpläne erstellt, in denen entsprechende Zusatzangaben z. B. durch Rasterlinien, Farben oder Schraffuren eingetragen werden. Verlegepläne sind speziell für einen bestimmten Leistungsbereich gedacht und werden meist vor der Ausschreibung des betreffenden Gewerks erstellt, um die Pläne der Ausschreibung beilegen zu können.

Detailpläne

Detailpläne umfassen alle Arten von Anschlüssen, Systemaufbauten und Übergängen. Neben der zeichnerischen Festlegung von Regelaufbauten sind gerade die Stellen wichtig, an denen verschiedene Regelaufbauten zusammengefügt werden oder ineinander übergehen. Welche Detailpläne für ein Projekt notwendig sind, lässt sich nicht generell feststellen, da dies stark vom einzelnen Projekt, von der gewünschten Detailtiefe, dem Planungsanspruch und von Rückfragen und Unsicherheiten der ausführenden Firmen abhängig ist. Typische Detaillierungsbereiche sind:

- Fassade: Fensteranschlüsse und -systematiken, Übergänge
  zwischen Erdreich und aufgehenden Wänden, Anschlüsse zwischen
  Fassade und Dach, Ecksituationen, Außentüren, Balkone,
  Brüstungen, Sonnen- und Blendschutz
- Gründung: Fundament, Dränage, Abdichtung, Dämmung gegen das
  Erdreich
- Dach: Attika, Traufe, First, Ortgang, Giebel, Dachdurchdringungen
  wie Kamine, Entlüftungen, Oberlichter und Dachfenster
- Treppen: Systemschnitt, oberer und unterer Anschluss, Podeste,
  Geländer, Handläufe
- Deckenaufbauten: Systemskizzen aller verwendeten Decken-
  aufbauten, Übergänge zwischen verschiedenen Böden, Anschlüsse
  an aufgehende Bauteile, Einbauten, Durchlässe

- Türen: Systemtüren, Zargensystematiken, Stahlrahmentüren, Aufzugstüren, Schachtklappen
- Trockenbau: Anschluss von Wänden an die Fassade, Rohbau, Boden und Decke, abgehängte Decken
- WC, Küchen, Einbaumöbel: Details Ausbau, Anschlüsse, WC-Trennwände usw.

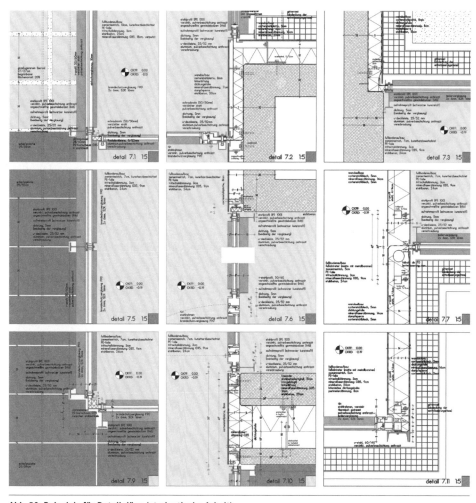

Abb. 50: Beispiele für Detailpläne (studentische Arbeit)

Baustelleneinrichtungspläne

Baustelleneinrichtungspläne dienen zur Koordinierung der Baustelle und der beteiligten Fachfirmen. Bei kleineren Bauvorhaben ist es oft nicht nötig, einen eigenen Baustelleneinrichtungsplan zu erstellen. Sobald die Platzverhältnisse auf dem Grundstück jedoch begrenzt sind, ist dieser sinnvoll, um gegenseitige Behinderungen und schlechte Flächenausnutzung des Baugrundstücks zu vermeiden. In einem Baustelleneinrichtungsplan sind daher zu verzeichnen:

- Lagerplätze und Bearbeitungsplätze/Baustraße
- Bauleitungscontainer
- Unterkünfte und Sanitäreinrichtungen
- Arbeitsräume um das Gebäude
- Baugrube
- Hebezeuge (z. B. Krane) mit Radius und Bewegungsbereich
- Bauzäune, Einfahrten, Beschilderung etc.
- Flächen für einzelne Gewerke (z. B. Biege-, Schneidebereiche für Betonbau)
- Ggf. Lagerflächen für Bodenlagerung
- Strom-, Wasserversorgung und -entsorgung, Abfallwirtschaft etc.

Werkstattzeichnungen ausführender Firmen

Auf Grundlage der Ausführungsplanung erstellen ausführende Baufirmen bestimmter Leistungsbereiche eigene Werkstattzeichnungen (teilweise auch Werkzeichnungen genannt). Diese werden den Planern vor Ausführung vorgelegt und müssen durch diese geprüft und freigegeben werden. Typische Fachfirmen, die eigene Werkstattzeichnungen erstellen, gehören unter anderem zu folgenden Leistungsbereichen:

- Metall- bzw. Stahlbauarbeiten (Fenster, Stahlkonstruktionen, Geländer etc.)
- Holzbau- bzw. Tischlerarbeiten (Holzbauten, Dachstühle, Fenster etc.)
- Lüftungsbauarbeiten
- Aufzugsbauarbeiten

FACHPLANUNGEN
Tragkonstruktion

Tragwerksplaner zeichnen eigene Ausführungspläne, die im Speziellen die statisch relevanten Elemente darstellen. Welche Pläne gezeichnet werden, hängt zunächst primär von der Wahl des Baustoffs ab. Wird das Gebäude als Stahlbetonbau errichtet, sind Schal- und Bewehrungspläne anzufertigen, bei Holz- oder Stahlbau entsprechend Sparren-, Holzkonstruktions- und Stahlkonstruktionspläne.

Ausführungspläne der Tragwerksplaner

Positionspläne enthalten die einzelnen Positionsangaben als Erläuterung der statischen Berechnung. Dabei werden auf Grundlage der Entwurfszeichnungen die Positionen mit Nummern versehen, die in der statischen Berechnung unter dieser Nummerierung wieder zu finden sind.

Positionsplan
○ ●

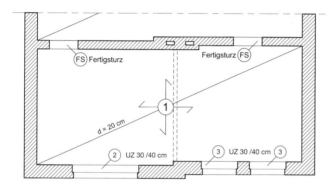

Abb. 51: Beispiel eines Positionsplans

○ **Hinweis:** Grundrisse in der Tragwerksplanung stellen in der Regel keine Draufsicht des darunterliegenden Bodens dar, sondern die darüberliegende Decke. Ein Grundriss 2. OG eines Tragwerksplaners zeigt neben den identischen geschnittenen Bauteilen eine andere Sicht als die Architektenpläne. Zur Verdeutlichung kann man sich einen verspiegelten Boden vorstellen, der sämtliche Konturen der Decke abbildet.

● **Beispiel:** Ein Stahlbetonunterzug wird statisch berechnet und mit der Nummer 21 versehen. Im Positionsplan wird diesem Unterzug dann ebenfalls die Nummer 21 zugeordnet, um zu verstehen, welchen Unterzug im Gebäude die statische Berechnung umfasst. Gegebenenfalls können alle gleichen Unterzüge mit der gleichen Nummer bezeichnet werden.

Schal- und Bewehrungspläne werden bei Stahlbetonbauten erstellt. Dabei stellen Schalpläne die einzuschalenden Bauteile dar (z. B. eine Stahlbetondecke oder eine Stahlbetonwand). Schalpläne sind vor allem dann sehr wichtig, wenn an die spätere Oberfläche optische Anforderungen gestellt werden (z. B. bei Sichtbetonwänden).

Schalpläne zeigen die Decke über dem gezeigten Geschoss mit

— Achs-, Massen- und Höhenangaben,
— aufliegenden bzw. tragenden Bauteilen,
— tragkonstruktiv relevanten Aussparungen,
— Arten und Festigkeitsklassen,
— Spannrichtungen.

Bewehrungspläne enthalten Angaben zu Bewehrungsmatten und -stäben, die in einem Stahlbetonbauteil einzubauen sind. Eine Matte wird in der Regel als rechteckige Fläche mit einem diagonalen Strich, an dem die Art der Matte vermerkt ist, dargestellt. Bei Bewehrungsplänen sind zusätzlich darzustellen:

— Betonstahlsorten
— Anzahl, Durchmesser, Form und Lage von Stahlstäben und
   Schweißungen
— Betonfestigkeitsklassen, Betondeckung
— Durchbrüche und Sonderkonstruktionen
— exakte Stahl- oder Stücklisten der Konstruktion als Ergänzung
   der Zeichnung

○ Für Holzbauten werden Holzkonstruktionspläne erstellt, in denen die präzise Lage und Dimension der einzelnen Holzbauteile (Balken, Stützen, Pfetten etc.) dargestellt werden. In der Regel werden dabei Achsen vermaßt und Anschlusspunkte im Detail gesondert dargestellt. Soll beispielsweise ein geneigtes Holzdach gebaut werden, muss die Lage und Dimension der Pfetten und Sparren in einem Sparrenplan dargestellt werden.

○ **Hinweis:** Holzkonstruktionen und Sparrenpläne werden detailliert in dem Band *Basics Dachkonstruktion* von Tanja Brotrück, Birkhäuser Verlag, Basel 2007, beschrieben.

Gebäudetechnik

Im Bereich der Gebäude- bzw. Haustechnik werden ebenfalls spezielle Pläne erstellt, die als Grundlage der haustechnischen Einbauarbeiten dienen. Meist werden für jeden Leistungsbereich einzelne Planunterlagen angefertigt. Leistungsbereiche sind zum Beispiel:

— Heizungsinstallationen
— Wasserversorgungs- und Entwässerungsinstallationen
— Lüftungsinstallationen
— Elektroinstallationen
— Brand- und Meldetechnik
— Datentechnik
— Aufzugstechnik
— etc.

Neben den eigentlichen haustechnischen Räumen wie Hausanschlussraum, Heizungsraum oder Ähnlichem werden vor allem die Leitungsführungen, Durchbrüche und Trassen definiert. Zur Einarbeitung in die Architektenpläne wird oft eine Schlitz- und Durchbruchplanung angefertigt, welche die Eingriffe in den Rohbau präzisiert.

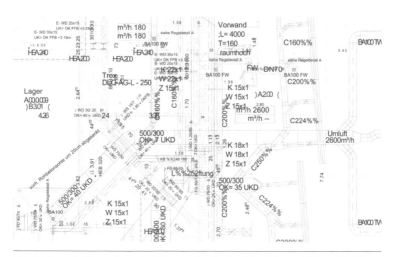

Abb. 52: Ausschnitt aus einem Ausführungsplan der Bereiche Heizung, Lüftung, Sanitär

Plandarstellung

Soll eine Zeichnung in Papierform ausgegeben werden, muss das Papierformat unter Gesichtspunkten der möglichen Vervielfältigung geklärt werden und anschließend mit einem Plankopf versehen werden.

PLANZUSAMMENSTELLUNG

Zeichnungsfläche Stehen die Gebäudegröße bzw. der darzustellende Teilabschnitt des Gebäudes und der Darstellungsmaßstab fest, kann der Bedarf der Zeichnungsfläche berechnet werden. Dazu addiert man zu dem Gebäudeaußenmaß auf beiden Seiten ein entsprechendes Maß, das den Platz für die Maßketten beinhaltet, und berechnet über den Maßstab die benötigte Zeichnungsfläche. Neben der Zeichnungsfläche ist ein Plankopf vorzusehen (siehe unten) und gegebenenfalls ein Rahmen, der die Schnittkanten berücksichtigt.

Wahl des Papierformats Zu Präsentationszwecken (Wettbewerbe, Studienarbeiten) sind beliebige Planformate mit unterschiedlichen Seitenverhältnissen möglich. Beispielsweise kann ein schmaler Gebäuderiegel auf entsprechend proportionalem Papier dargestellt werden, was die Wirkung der Gebäudeform erhöht.

In der Regel macht es Sinn, für Bauzeichnungen ein verbreitetes Papierformat zu wählen (z. B. die DIN A-Reihe), da dieses unkompliziert reproduziert werden kann. Bei Ausführungsplänen sind großformatige Papiere notwendig, bei Detailzeichnungen ist meist vorteilhaft, ein auf den meisten Kopiergeräten zu vervielfältigendes Format wie DIN A3 zu verwenden. > Kap. Grundlagen der Darstellung

Verschiedene Maßstäbe Auf einem Plan können Zeichnungen auch in unterschiedlichen Maßstäben dargestellt werden: Es kann beispielsweise sinnvoll sein, neben einem Fassadenschnitt entsprechende Detailausschnitte einzelner Anschlagspunkte zu zeigen. Dabei ist zu beachten, dass die einzelnen Zeichnungselemente über eine eindeutige Beschriftung exakt einem Maßstab zuzuordnen sind.

PLANKOPF

Jeder Plan erhält einen Plankopf, aus dem klar ablesbar ist, um welches Projekt es sich handelt und was im vorliegenden Plan dargestellt ist. Dieser wird in der Regel in der unteren rechten Ecke des Plans angeordnet. Planköpfe für Präsentations- und Bauzeichnungen sehen dabei unterschiedlich aus:

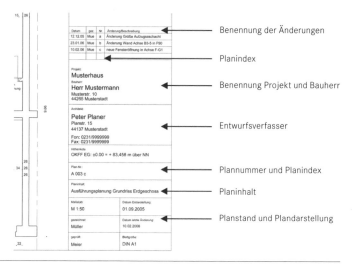

			Benennung der Änderungen
Datum	gez.	Nr	Änderung/Beschreibung
12.12.05	Mue	a	Änderung Größe Aufzugsschacht
23.01.06	Mue	b	Änderung Wand Achse B3-5 in F90
10.02.06	Mue	c	neue Fensteröffnung in Achse F-G1

Planindex

Projekt:
Musterhaus

Bauherr:
Herr Mustermann
Musterstr. 10
44265 Musterstadt ————— Benennung Projekt und Bauherr

Architekt:
Peter Planer
Planstr. 15
44137 Musterstadt ————— Entwurfsverfasser
Fon: 0231/9999999
Fax: 0231/9999999

Höhenkote:
OKFF EG: ±0.00 = + 83,456 m über NN

Plan-Nr.:
A 003 c ————— Plannummer und Planindex

Planinhalt:
Ausführungsplanung Grundriss Erdgeschoss ————— Planinhalt

| Maßstab: | Datum Ersterstellung: |
| M 1:50 | 01.09.2005 | ————— Planstand und Plandarstellung
gezeichnet:	Datum letzte Änderung:
Müller	10.02.2006
geprüft:	Blattgröße:
Meier	DIN A1

Abb. 53: Beispiel eines Plankopfes

Dienen Pläne Repräsentationszwecken, so sollte der Plankopf dies unterstützen. In der Regel schließt die gesamte Plangrafik auch den Plankopf mit ein. Neben Projektname enthält er Angaben zum Maßstab, zum Planinhalt (z. B. Erdgeschoss) und zum Verfasser. Unterstützend können in Planköpfen Entwurfspiktogramme, erläuternde Skizzen zur dargestellten Schnitt- oder Grundrissebene und Nordpfeile aufgenommen werden.

Bei Projekten im Studium wird neben dem Namen auch die Matrikelnummer des Studenten und der betreuende Lehrstuhl oder Professor genannt. Bei Wettbewerben dürfen in der Regel keine Namen oder Zuordnungen auf den Plänen erscheinen. Hierfür wird nach Angabe in den Wettbewerbsunterlagen häufig eine Tarnnummer gewählt und in einer bestimmten Ecke des Plans genannt. Sie wird zusammen mit den Wettbewerbsplänen in einem verschlossenen Umschlag mit eingereicht, der erst im Anschluss an die Wettbewerbsbeurteilung geöffnet wird und dann den Entwurfsverfasser aufdeckt.

Bei Bauzeichnungen werden zunächst Bauherr, Entwurfsverfasser, Planaufsteller und Maßstab der Zeichnung genannt. Zusätzlich sind Angaben zum Planstand notwendig. Der Planstand definiert die Aktualität des Plans. Da im Planungs- und Bauprozess regelmäßig neue Entwicklungen oder Fachplanungsunterlagen eingearbeitet werden müssen, muss der dargestellte Planstand genau dokumentiert werden. Außerdem ist

Plankopf
Präsentation

Plankopf
Bauzeichnung

67

es sinnvoll, das Datum der Erstaufstellung und das Datum der derzeit aktuellen Überarbeitung zu nennen. Auch ist für das Verständnis der eingearbeiteten Inhalte eine Übersicht über die bisherigen Planänderungen hilfreich. Baugenehmigungspläne erhalten normalerweise Plannummern, die sie eindeutig definieren. Der Einfachheit halber kann der Planstand dann auch in die Plannummer einfließen: Plan A34d bedeutet dann: Ausführungsplan Nr. 34 in der vierten Überarbeitung (d). Natürlich können Plannummern frei gewählt werden; eine Systematik zu Beginn des Projektes festzulegen und mit allen Beteiligten abzustimmen, hilft der Planverwaltung.

PLANAUSGABE

Heutzutage werden nur noch in Ausnahmefällen Pläne per Hand gezeichnet, in der Regel bedient man sich der Unterstützung von CAD-Programmen. Durch die Verwendung von Computerdaten fällt die Planvervielfältigung und -ausgabe einfacher als bei handgezeichneten Plänen.

Plotten   CAD-Dateien werden auf Plottern ausgegeben, bei kleineren Formaten auch auf handelsüblichen Druckern. Plotter sind Großformatdrucker, meist im Format A1 oder A0, auf denen über Rollenpapier Pläne ausgedruckt werden. Die Rollenbreiten betragen in der Regel bei A1-Rollen 61,5 cm, bei A0-Rollen 91,5 cm. Die Plangröße lässt sich in den meisten CAD-Programmen individuell eingeben, so dass innerhalb der Rollenbreite jedes Planformat genutzt werden kann.

Kopieren   Möchte man einen bereits auf Papier vorliegenden Plan vervielfältigen, so bieten sich Großformatkopierer an. Diese arbeiten meist mit den gleichen Rollenbreiten wie Plotter. Farbkopien von großformatigen Plänen sind in der Regel sehr kostspielig, so dass das Vervielfältigen eher über das mehrfache Plotten eines Planes erfolgen sollte. Bei Detailzeichnungen lohnt sich ein Planformat auszuwählen, das auf handelsüblichen Kopierern vervielfältigt werden kann.

Lichtpausen   Werden Handzeichnungen auf Transparentpapier gezeichnet, können daraus alternativ zur Großformatkopie Lichtpausen erstellt werden. Dabei werden Lichtpauspapiere auf originale Transparentpapiere gelegt und in einer Lichtpausmaschine mit ultraviolettem Licht belichtet. Lichtpauspapiere gibt es in verschiedenen Farbtönen, daraus resultierend spricht man bei Lichtpausen auch von Schwarz-, Rot- oder Blaupausen.

Aufgrund von CAD-Zeichnungen werden Lichtpausen heute nur noch selten verwendet, sie bieten jedoch eine preisgünstige Möglichkeit zur Vervielfältigung von Handzeichnungen.

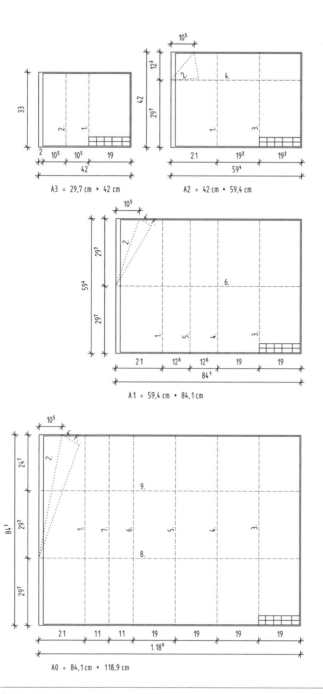

A3 = 29,7 cm • 42 cm

A2 = 42 cm • 59,4 cm

A1 = 59,4 cm • 84,1 cm

A0 = 84,1 cm • 118,9 cm

Abb. 54: Falten von Plänen

■ In vielen Fällen werden Pläne nicht in ihrer Ursprungsgröße, sondern im A4-Format weitergegeben, dass heißt, größere Formate müssen auf A4 gefaltet werden. Wichtig ist dabei, die Sichtbarkeit des Plankopfes in der rechten unteren Ecke auch im gefalteten Zustand zu gewährleisten. Außerdem sollte der Plan auch im abgehefteten Zustand entfaltbar sein, deshalb darf nur der linke untere Bereich gelocht werden.

■ **Tipp:** Es gibt in Kopierläden oft mechanische Faltmaschinen, die beim Falten vieler Pläne die Arbeit stark erleichtern. Muss man Pläne selber falten, nimmt man sich am besten ein DIN-A4-Blatt und einen Dreikant zu Hilfe. Zunächst nimmt man die linke Seite des Plans und faltet sie nach oben in der Breite des DIN-A4-Blattes. Mit Hilfe eines Dreikants lässt sich die Faltkante gut glatt streichen. Im Anschluss faltet man die rechte Seite auf ca. 19 cm Breite nach hinten. Die weiteren Faltungen erfolgen immer in der Breite von 19 cm, bis gegebenenfalls das verbleibende Reststück mittig gefaltet wird. Nun faltet man in Höhe des DIN-A4-Blattes den verbleibenden Streifen nach hinten (bei größeren Formaten mehrmals). Die Innenecke wird, wie auf der Darstellung zu sehen, nach innen geknickt, um diese nicht beim anschließenden Lochen zu perforieren. Verwendet man Plankopf und Planrahmen in einem CAD-Programm öfter, lassen sich dort am Planrahmen zeichnerisch kleine Linien positionieren, so dass das Abmessen entfällt und direkt an der Linie gefaltet werden kann.

TYPISCHE ABKÜRZUNGEN

A	Raumfläche	LH	lichte Höhe
B	Boden	M	Maßstab
BA	Bodenablauf	m	Meter
BD	Bodendurchbruch	mm	Millimeter
BK	Bodenkanal	mNN	Meter über Normalnull
BR	Brüstungshöhe	mHN	Meter über Höhennormal
BRH	Brüstungshöhe	NN	Normalnull = Höhe
BS	Bodenschlitz		Meeresspiegel
CAD	Computer-Aided Design	OG	Obergeschoss
cm	Zentimeter	1.OG	erstes Obergeschoss
D	Decke	OK	Oberkante
DA	Deckenaussparung	m²	Quadratmeter
DD	Deckendurchbruch	R	Radius
DG	Dachgeschoss	RD	Rohdecke
DIN	Deutsches Institut	RFB	Rohfußboden
	für Normung	Roll	Rollladen
EG	Erdgeschoss	Sch	Schacht
F	Fundament	Stg	Steigung
FD	Fundamentdurchbruch	T	Terrain
FFB	Fertigfußboden	U	Umfang
FHT	Feuerhemmende Tür	UG	Untergeschoss
FS	Fundamentschlitz	UK	Unterkante
FU	Fundament	UZ	Unterzug
HkN	Heizkörpernische	VM	Vormauerung
J	Ankerschiene	W	Wand
KG	Kellergeschoss	WD	Wanddurchbruch
KS	Kontrollschacht	W	Wandschlitz

SYMBOLE

Tab. 4: Symbole Sanitärgegenstände

Bezeichnung	Symbol
Handwaschbecken	
Waschbecken	
WC mit Spülkasten	
WC ohne Spülkasten	
Bidet	
Urinal	
Duschtasse	
Badewanne	
Waschmaschine	
Wäschetrockner	
Eckbadewanne	

Tab. 5: Symbole Kücheneinrichtung

Bezeichnung	Symbol
Unterschrank	
Oberschrank	
Ober- und Unterschrank	
Spüle mit Abtropffläche	
Gasherd	
Elektroherd	
Herd mit Backofen	
Einbaubackofen	
Arbeitsfläche	
Kühlschrank	
Gefrierschrank	
Geschirrspülmaschine	
Mikrowellenherd	
Dunstabzugshaube	
Stuhl	
Tisch	

Tab. 6: Symbole Möbel

Bezeichnung	Symbol
Schrank	
Sessel	
Sofa	
Tisch	
Stuhl	
Flügel	
Klavier	
Schreibtisch	
Garderobe	
Einzelbett	
Einzelbett mit Nachttisch	
Doppelbett	
Doppelbett mit Nachttisch	

NORMEN

Das Technische Zeichnen ist in weiten Teilen international verein-
heitlicht. Daher sind wesentliche Teile durch ISO-Normen standardisiert
und werden auch in fast allen Staaten anerkannt. Die folgende Tabelle
gibt einen Einblick in die gültigen ISO-Normen, die in aller Regel von den
nationalen Normungsinstitutionen übernommen werden (die ISO 128
heißt dann beispielsweise in Deutschland DIN ISO 128).

Tab. 7: Relevante ISO-Normen

ISO-Normen	Bezeichnung
ISO 128	Technische Zeichnungen – Allgemeine Grundlagen der Darstellung
ISO 216	Schreibpapier und bestimmte Gruppen von Drucksachen – Endformate
ISO 2594	Bauzeichnungen; Projektionsmethoden
ISO 3766	Zeichnungen für das Bauwesen – vereinfachte Darstellung von Bewehrungen
ISO 4067	Bauzeichnungen; Installationen
ISO 4157	Zeichnungen für das Bauwesen; Bezeichnungssysteme
ISO 5455	Technische Zeichnungen; Maßstäbe
ISO 5456	Technische Zeichnungen; Projektionsmethoden
ISO 6284	Zeichnungen für das Bauwesen; Eintragung von Grenzabmaßen
ISO 7518	Zeichnungen für das Bauwesen; vereinfachte Darstellung von Abriss und Wiederaufbau
ISO 7519	Zeichnungen für das Bauwesen; Allgemeine Grundlagen für Anordnungspläne und Zusammenbauzeichnungen
ISO 8048	Technische Zeichnungen; Bauzeichnungen; Darstellung von Ansichten und Schnitten
ISO 8560	Zeichnungen für das Bauwesen; Darstellung von modularen Größen, Linien und Rastern
ISO 9431	Zeichnungen für das Bauwesen; Anordnung von Darstellungen, Texten und Schriftfeldern auf Zeichnungsvordrucken
ISO 10209	Technische Produktinformation
ISO 11091	Zeichnungen für das Bauwesen; Zeichnungen für Außenanlagen

Unabhängig von übernommenen ISO-Normen existieren in den
deutschsprachigen Ländern nationale Normen, die ergänzend gelten. In
Österreich und der Schweiz werden weitestgehend nur die ISO-Normen
verwendet.

Tab. 8: Relevante deutsche Normen ergänzend zu ISO-Normen

DIN Normen	Bezeichnung
DIN 107	Bezeichnungen mit links oder rechts im Bauwesen
DIN 199	Technische Produktdokumentation – CAD-Modelle, Zeichnungen und Stücklisten
DIN 406	Maßeintragung
DIN 476	Papier-Endformate
DIN 824	Faltung auf Ablageformat
DIN 919	Technische Zeichnungen für Holzverarbeitung
DIN 1080	Begriffe, Formelzeichen und Einheiten im Bauingenieurwesen
DIN 1356	Bauzeichnungen
DIN 4172	Maßordnung im Hochbau
DIN 6771-1	Schriftfelder für Zeichnungen, Pläne und Listen
DIN 18000	Modulordnung im Bauwesen
DIN 18011	Stellflächen, Abstände und Bewegungsflächen im Wohnungsbau
DIN 18022	Küchen, Bäder und WCs im Wohnungsbau

Tab. 9: Relevante Schweizer Normen ergänzend zu ISO-Normen

SIA-Normen	Bezeichnung
SIA 400	Planbearbeitung im Bauwesen
SIA 410	Kennzeichnung von Installationen in Gebäuden; Kennzeichnung von Installationen in Plänen; Kennzeichnung von ausgeführten Installationen; Kennzeichnung und Bemaßung von Aussparungen in Plänen

Tab. 10: Relevante österreichische Normen ergänzend zu ISO-Normen

Ö-Normen	Bezeichnung
Ö-Norm A6240	Technische Zeichnungen für den Hochbau
Ö-Norm A6250	Bauaufnahmezeichnungen
Ö-Norm B4100	Holzbau – Holztragwerke – Teil 1: Kurzzeichen, Symbole, Plandarstellung

DIE AUTOREN

Bert Bielefeld, Prof. Dr.-Ing. Architekt, Professur für Bauökonomie und Baumanagement an der Universität Siegen, geschäftsführender Gesellschafter bertbielefeld&partner architekten ingenieure

Isabella Skiba, Dipl.-Ing. Architektin, geschäftsführende Gesellschafterin bertbielefeld&partner architekten ingenieure

EBENFALLS IN DIESER
REIHE BEI BIRKHÄUSER ERSCHIENEN:

Entwerfen
Basics Entwerfen und Wohnen
Jan Krebs
ISBN 978-3-03821-521-9

Basics Entwurfsidee
Bert Bielefeld,
Sebastian El khouli
ISBN 978-3-0346-0675-2

Basics Methoden der Formfindung
Kari Jormakka
ISBN 978-3-03561032-1

Basics Materialität
M. Hegger, H. Drexler, M. Zeumer
ISBN 978-3-0356-0302-6

Basics Raumgestaltung
Ulrich Exner, Dietrich Pressel
ISBN 978-3-0356-1001-7

Basics Barrierefrei Planen
Isabella Skiba, Rahel Züger
ISBN 978-3-0356-2183-9

Als Kompendium erschienen:
Basics Entwurf
Bert Bielefeld (Hrsg.)
ISBN 978-3-03821-558-5

Darstellungsgrundlagen
Basics Freihandzeichnen
Florian Afflerbach
ISBN 978-3-03821-543-1

Basics CAD
Jan Krebs
ISBN 978-3-0356-1961-4

Basics Modellbau
Alexander Schilling
ISBN 978-3-0356-2182-2

Basics Architekturfotografie
Michael Heinrich
ISBN 978-3-03821-522-6

Als Kompendium erschienen:
Basics Architekturdarstellung
Bert Bielefeld (Hrsg.)
ISBN 978-3-03821-528-8

Konstruktion
Basics Stahlbau
Katrin Hanses
ISBN 978-3-0356-0364-4

Basics Betonbau
Katrin Hanses
ISBN 978-3-0356-0361-3

Basics Dachkonstruktion
Ann-Christin Siegemund
ISBN 978-3-0356-1941-6

Basics Fassadenöffnungen
Roland Krippner, Florian Musso
ISBN 978-3-0356-2005-4

Basics Holzbau
Ludwig Steiger
ISBN 978-3-0356-2124-2

Basics Mauerwerksbau
Nils Kummer
ISBN 978-3-0356-1987-4

Basics Tragsysteme
Alfred Meistermann
ISBN 978-3-0356-2004-7

Basics Glasbau
Andreas Achilles,
Diane Navratil
ISBN 978-3-7643-8850-8

Als Kompendium erschienen:
Basics Baukonstruktion
Bert Bielefeld (Hrsg.)
ISBN 978-3-0356-0371-2

Berufspraxis
Basics Kostenplanung
Bert Bielefeld,
Roland Schneider
ISBN 978-3-03821-530-1

Basics Ausschreibung
T. Brandt, S. Th. Franssen
ISBN 978-3-03821-518-9

Basics Projektplanung
Hartmut Klein
ISBN 978-3-0356-2008-5

Basics Terminplanung
Bert Bielefeld
ISBN 978-3-0356-1627-9

Basics Bauleitung
Lars Phillip Rusch
ISBN 978-3-03821-519-6

Als Kompendium erschienen:
Basics Projekt Management
Architektur
Bert Bielefeld (Hrsg.)
ISBN 978-3-03821-461-8

Städtebau
Basics Stadtbausteine
Th. Bürklin, M. Peterek
ISBN 978-3-0356-1002-4

Bauphysik und Haustechnik
Basics Raumkonditionierung
Oliver Klein, Jörg Schlenger
ISBN 978-3-0356-1661-3

Basics Wasserkreislauf im Gebäude
Doris Haas-Arndt
ISBN 978-3-0356-0565-5

Landschaftsarchitektur
Basics Entwurfselement Pflanze
Regine Ellen Wöhrle,
Hans-Jörg Wöhrle
ISBN 978-3-7643-8657-3

Basics Entwurfselement Wasser
Axel Lohrer, Cornelia Bott
ISBN 978-3-7643-8660-3

Weitere Basics unter www.birkhauser.com

Reihenherausgeber: Bert Bielefeld
Konzept: Bert Bielefeld, Annette Gref
Layout, Covergestaltung und Satz:
Andreas Hidber

Abbildungen 48–51 Maike Schrader,
alle anderen Abbildungen durch die Autoren.

Library of Congress Cataloging-in-Publication data
A CIP catalog record for this book has been applied for at the Library of Congress.

Bibliografische Information der Deutschen Nationalbibliothek
Die Deutsche Nationalbibliothek verzeichnet diese Publikation in der Deutschen National-bibliografie; detaillierte bibliografische Daten sind im Internet über http://dnb.dnb.de abrufbar.

Dieses Werk ist urheberrechtlich geschützt. Die dadurch begründeten Rechte, insbesondere die der Übersetzung, des Nachdrucks, des Vortrags, der Entnahme von Abbildungen und Tabellen, der Funksendung, der Mikroverfilmung oder der Vervielfältigung auf anderen Wegen und der Speicherung in Datenverarbeitungs-anlagen, bleiben, auch bei nur auszugsweiser Verwertung, vorbehalten. Eine Vervielfältigung dieses Werkes oder von Teilen dieses Werkes ist auch im Einzelfall nur in den Grenzen der gesetzlichen Bestimmungen des Urheberrechts-gesetzes in der jeweils geltenden Fassung zu-lässig. Sie ist grundsätzlich vergütungspflichtig. Zuwiderhandlungen unterliegen den Straf-bestimmungen des Urheberrechts.

Dieses Buch ist auch in englischer Sprache (ISBN 978-3-0346-1326-2) und französischer Sprache (ISBN 978-3-0346-0678-3) sowie als E-Book (ISBN PDF 978-3-0356-1248-6; ISBN EPUB 978-3-0356-1165-6) erschienen.

© 2011 Birkhäuser Verlag GmbH, Basel
Postfach 44, 4009 Basel, Schweiz
Ein Unternehmen der Walter de Gruyter GmbH, Berlin/Boston

Gedruckt auf säurefreiem Papier, hergestellt aus chlorfrei gebleichtem Zellstoff. TCF ∞

Printed in Germany

ISBN 978-3-0346-0676-9

9 8 7 6

www.birkhauser.com